Off-Planning

Diana Maldonado

Pensamiento da América Latina

Romano Guerra Editora
Nhamerica Platform

Coordinación general
Fernando Luiz Lara
Silvana Romano Santos

Off-Planning
Diana Maldonado

BR + USA + MEX 12

Coordinación editorial
Fernando Luiz Lara
Irene Nagashima
Silvana Romano Santos

Proyecto gráfico y maquetación
Dárkon V Roque

Revisión de texto
Pacelli Sousa

Off-Planning
Diana Maldonado

ŖG

Romano Guerra Editora
Nhamerica Platform

São Paulo, Austin,
México DF, 2024
1ª edición

Índice

6 Prefacio

10 Capítulo 1

42 Capítulo 2

72 Capítulo 3

102 Capítulo 4

Prefacio

En el año 2015, participé en una conferencia titulada *That Thing called Theory*, que tuvo lugar en la ciudad de Leeds, Inglaterra. Como en todos los congresos internacionales, había una buena cantidad de estudiantes de doctorado discutiendo, apasionadamente, diversos temas relacionados con la teoría de la arquitectura y la ciudad. Minutos antes de mi participación, incluso, había sido testigo de un acalorado debate teórico sobre la importancia (o no) de las tesis de Aldo Rossi y Henri Lefebvre. Muchos de los investigadores que debatieron críticamente se quedaron a escuchar mi propuesta. Hablé de la urbanización periférica de América Latina, de sus características materiales y dinámicas urbanas, y de cómo estas pueden ser el resultado de la aplicación de la teoría espacial. Entonces, una de las participantes del debate Rossi-Lefebvre se acercó a mí, y durante la conversación hizo una relación directa entre mi propuesta y el manifiesto *Off-Modern*, de Svetlana Boym. Yo asentía con la cabeza y decía "*Really? That is very interesting!*", pero nunca había oído hablar de Svetlana, así que esa misma noche comencé mi búsqueda digital sobre su propuesta y un nuevo horizonte se abrió.

Boym propuso el *Off-Modern* como herramienta teórica para crear historias paralelas a las trazadas por la modernidad formal; el *Off* de Svetlana es un camino con retorno, es decir que la exploración de lo posible no llega a alterar el hecho histórico. Durante años, y siguiendo esta perspectiva, ensayé el *Off-Planning* en congresos, cátedras y artículos de divulgación, y así el concepto fue evolucionando. En un principio, los asentamientos informales fueron considerados las proto-ciudades del siglo 21; esta idea se desarrolló para pensar el Off urbano como un mosaico de espacios-frontera. Luego, los espacios-frontera se convirtieron en los espacios del "segundo sexo" y, finalmente, surgió el transespacio: una unidad flexible de teoría urbana la cual va más allá de la materialidad arquitectónica y de la idea de ciudad. Con el tiempo, caí en la cuenta de que mi propuesta se alejaba de la tesis inicial de Boym: el *Off-Planning* se presentaba como un pliegue doble, un camino hacia abajo, hacia adentro: sin vuelta atrás.

El libro está compuesto por cuatro capítulos. En el primer capítulo se habla de geografías artificiales y geo-espacios, se revisa la informalidad urbana como discurso y modelo de producción espacial, y también se piensa en espacios-frontera. En el segundo capítulo, se reescribe la crónica de una muerte anunciada (breve historia del *planning*), se establece una relación directa entre el espacio sedentario y los procesos de colonización, y se piensa en alternativas de re-existencia espacial. En el tercer capítulo, se descubre el universo de los segundos espacios, se piensa en ficciones políticas de desventaja, y se propone el transespacio como efecto disruptivo. Por último, en el cuarto capítulo, se habla sobre teoría crítica y la nueva cuestión urbana, se escriben apuntes para el manifiesto contra-planning, y se propone el transespacio como teoría de "acuerpamiento" espacial.

Mi agradecimiento total para Fernando Luiz Lara y Reina Loredo por incluir el *Off-Planning* dentro de las voces decoloniales, y así animar el contra-discurso espacial que va del cuerpo a la otra ciudad. El *Off-Planning* se propone como una teoría a la inversa que utiliza el pliegue continuo para "ficcionar" los espacios de realidad impuesta. Tal vez desde la explosión de los dispositivos espaciales de tradición moderna podamos imaginar mundos más justos.

Diana Maldonado
Monterrey, México; junio 2022.

Capítulo 1

Donde se habla de geografías artificiales y geoespacios, se revisa la informalidad como modelo de producción urbano-espacial, y se piensa en espacios-frontera.

La arquitectura puede entenderse como un fenómeno en tránsito ya que adquiere significado a partir de la experiencia. Los resultantes del proceso arquitectónico, a su vez, son geografías manufacturadas en continua construcción.[1] De acuerdo con el *Oxford English Dictionary*, la palabra geografía viene del latín *geographia* (tratado) y se refiere a la ciencia que describe las características físicas de la superficie de la tierra y su atmósfera; también se relaciona con la actividad humana y sus afectos, así como con el acomodo de los edificios en el espacio y la organización interior de habitaciones y compartimentos. Para Adrienne Rich, el cuerpo representa la geografía más próxima,[2] y ese mismo cuerpo se extiende a geografías alejadas que van desde habitaciones, edificios, barrios, ciudades, regiones, hacia el universo entero. La cercana geografía de lo distante está constituida por usos cotidianos y por la disposición de los objetos en el espacio. En este sentido, los seres humanos definimos ese acomodo que, al mismo tiempo, nos define a nosotros.

Las geografías artificiales se constituyen de muchas capas o naturalezas, y sólo la primera de ellas es visible; de esta manera, la materialidad debe pensarse siempre como un efecto de las relaciones de poder-saber.[3] Respecto a eso, Judith Butler explica que el género es una identificación institucional y temporal, la cual se construye socialmente a través de la repetición estilizada de gestos corporales. De acuerdo con la autora, es mediante esos actos del cuerpo que se oficializa la idea de un "yo" de género permanente. Butler argumenta que los cuerpos tienen movimientos y promulgaciones discontinuas, así, la identidad resultante es un logro performativo acordado culturalmente; de modo que el significado de la materia y la apariencia de la sustancia surgen de relaciones arbitrarias entre múltiples actos sociales. Siguiendo a Merleau-Ponty,[4] explica que al ser el cuerpo una idea histórica, las posibilidades que encierra su morfología están determinadas por la ideología dominante. Sin embargo, señala que en el performance de la vida cotidiana siempre existe la posibilidad de la ruptura del gesto, de la repetición subversiva y, así, la construcción de actos distintos a los establecidos en el acuerdo sociocultural.[5] Luego, si las geografías cercanas y distantes son una extensión del cuerpo humano, entonces el ambiente construido, al igual que el género, debería entenderse como la superposición de experiencias espaciales y no como un conjunto de artefactos concretos. Siguiendo la tesis de Butler, el sistema de espacios temporales construye continuamente la ilusión de la ciudad como obra terminada.[6]

Siendo técnica y tecnología de la ciudad capitalista, el discurso arquitectónico le da mucha importancia a la consecuencia material del proceso de producción geográfica. Desde el primer tratado de arquitectura se explica la dinámica/uso de las ciudades a partir del acomodo de objetos arquitectónicos, de modo que la morfología resultante obedece a la jerarquización binaria de los cuerpos. Para Vitruvio, la organización espacial se define con base en las condiciones climáticas del sitio, el carácter y uso específico de los edificios, además de las actividades y el rango social de los usuarios. Su tesis concluye que el origen de la arquitectura es el conjunto de partículas indivisibles relacionadas con el agua, el fuego, el aire y la tierra.[7] De acuerdo con esas primeras teorías, la construcción de la ciudad comienza con la petrificación de los límites geopolíticos (fronteras), para luego distribuir la superficie mediante la asignación de calles y plazas orientadas hacia los puntos cardinales; el siguiente paso es el establecimiento de áreas colectivas para la organización de edificios públicos. La posición de algunos templos, como los dedicados a Venus, Vulcano y Marte, se asignaba fuera de la ciudad formalmente planeada, ya que su uso era exclusivo de los cuerpos masculinos.[8] La organización interior de edificios era definida según la clase social de los habitantes, por lo que se aconsejaba que las personas con menos recursos económicos prescindieran de vestíbulos o atrios, ya que se pensaba que tales áreas serían inútiles sin visitas que atender.[9]

En otro momento, Le Corbusier define la arquitectura a partir de las relaciones espaciales entre diferentes tipos de edificios; en vista de ello, la luz juega un papel importante en el establecimiento de conexiones entre los elementos materiales.[10] A través de sus propuestas teóricas, Le Corbusier manifiesta un interés particular por la relación entre artefacto y contexto, de ahí que el emplazamiento sea parte fundamental del proceso de diseño. En "Los cinco puntos para una nueva arquitectura", el autor ensaya la mimetización del objeto con el paisaje natural, al proponer una arquitectura elevada por pilotes y jardines como suelo y techo del artefacto. Además, plantea el entendimiento de la funcionalidad como eficiencia máxima incorporando el diseño en serie, es decir, espacios mínimos conectados con la idea de la "casa como máquina". El orden, la pureza en las formas, la función y la movilidad en el espacio, se convertirían en elementos característicos para la producción de geografías artificiales, tanto interiores como urbanas.[11] Le Corbusier normaliza configuraciones de la ciudad moderna a partir de planes de ordenamiento, los cuales están fundamentados en la zonificación de uso de suelo y en la división de actividades.[12] El espacio *lecorbuseriano* es construido desde el saber patriarco-colonial.

La idea de arquitectura como proceso complejo la escribió Robert Venturi, al atribuirle características cambiantes, como la doble función (la cual está vinculada a aspectos de uso, estructura y representación), los significados arquitectónicos múltiples (al expresar cosas en cosas), los espacios residuales o redundantes y la yuxtaposición espacial, entre otros. La arquitectura entendida como geografía artificial igualaba los caprichos de la naturaleza, ya que para el autor, la arquitectura es simultáneamente abstracta y concreta: los artefactos son percibidos como formas-materiales que contribuyen al significado de la geografía construida.[13] En *Aprendiendo de Las Vegas*, Venturi, Izenour y Scott Brown proponen estudiar el paisaje urbano como un sistema de comunicación que atiende una perspectiva espacial a escala del automóvil. En ese universo, los objetos arquitectónicos se dividen en dos grupos: los que son formas simbólicas y los que son formas con símbolos encima, a las que llamaron "pato" y "tinglado decorado", ambas representan modos de construir la geografía artificial y por lo tanto son condicionantes para la creación de geoespacios.[14]

En su manifiesto sobre la ciudad de Nueva York, Rem Koolhaas cambia la perspectiva de análisis arquitectónico al validar el artefacto desde la dimensión urbana. El autor explica que durante las primeras décadas del siglo 20, la idea de urbanismo fue definida por los procesos de producción del ambiente construido, y argumenta que fue la ciudad de Manhattan la ciudad que borró las categorías de lo real y lo natural, así, lo urbano puso el acento en un mundo totalmente inventado por el hombre: parques temáticos, rascacielos y avenidas de alta velocidad.[15] En una entrevista registrada a finales del siglo 20, Koolhaas explica la importancia de pensar la arquitectura en términos metropolitanos; para el autor, la arquitectura contemporánea presenta una desvinculación entre interior y exterior, el artefacto arquitectónico se convierte en la nueva muralla de la ciudad.[16] Koolhaas advierte que es absurdo que las teorías urbanas sigan priorizando el orden y la zonificación de uso, ya que las ciudades del nuevo siglo son áreas inciertas de límites flexibles. En ese medio, el urbanismo tendría que redefinirse en términos de congestión, tecnología, conexiones, flujos, y un paisaje arquitectónico visibilizado por el vacío (¿nuevo *planning*?). En 2014, derivado de la exposición de la Bienal de Venecia, Koolhaas edita *Elements*, un texto que sintetiza los elementos fundamentales del ejercicio arquitectónico (piso, muro, techo, techumbre, puerta, ventana, fachada, balcón, corredor-pasillo, chimenea, cuarto de baño, escalera, escalera mecánica, elevador y rampa), todos relacionados con el proceso de construcción y la materialidad del artefacto. De esta manera, la arquitectura retoma los principios modernos y, con ello, se reinstala el rol protagónico del cuerpo masculino en la creación de metrópolis[17] (fig. 1.1).

De acuerdo con Kevin Lynch, la comprensión de la ciudad está directamente relacionada con la legibilidad de su forma física, por lo que considera fundamentales la planeación y el diseño del asentamiento.[18] Lynch señala que los elementos geo-urbano arquitectónicos juegan un papel vital en la construcción de imágenes espaciales; las imágenes de la ciudad particularmente constituyen la clave para el uso y reconocimiento de atmósferas urbanas. En la tesis propuesta por el autor, sendas, bordes, barrios, nodos y mojones, se conectan entre sí y forman esquemas mentales lógicos, produciendo experiencias espaciales que influyen en el comportamiento de las personas. En este sentido, la arquitectura, o geografía artificial, es entendida como referencia material: el autor señala que el contexto natural y artificial se mezclan en este sistema de codificación y el conjunto de artefactos arquitectónicos pasa a formar parte de los diferentes elementos de lectura urbana. De acuerdo con la propuesta de Lynch, las formas resultantes no son un objeto en sí mismo, sino estructuras geográficas más o menos flexibles, las cuales son modificadas por la experiencia humana; sin embargo, dicha flexibilidad es "definida" por las normas de planeamiento del ambiente construido.[19]

A partir de lo anterior, y en relación con el geoespacio, se puede decir que la producción de geografías artificiales comienza con la consideración de necesidades codificadas *a priori*, las cuales representan usos sígnicos. Siguiendo esta lógica, primero se definen actividades, luego los cuerpos transforman las necesidades en deseos (potencias), y es así como se configuran los complejos simbólicos que estarán presentes durante todo el proceso de la experiencia espacial. El primer plan para la materialización geográfica se piensa en cuatro dimensiones geométricas,[20] y se sucede gracias al trabajo simultáneo de funciones, sistemas estructurales y formas. Estas esferas conceptuales son definidas a partir de la conexión de elementos particulares, de concreción y socioculturales. La geografía artificial sólo adquiere sentido desde la experiencia de los cuerpos, y esta experiencia espacio-social se vuelve significativa gracias a la memoria; así se desvelan posibilidades de uso arquitectónico que definen experiencias espaciales futuras.[21] El performance cotidiano construye y reconstruye geoespacios, que son las geografías invisibles y temporales ocurridas en los espacios contenidos por la geografía artificial.

Al respecto, Henri Lefebvre explica que el espacio social se produce a partir de los usos de la vida cotidiana; el autor establece diferencia entre la producción *en el* espacio y la producción *del* espacio. A partir de la combinación de dos ideas abiertas: implosiones/explosiones y la urbanización completa de la sociedad, Lefebvre deconstruye la nueva relación entre el ser humano y el espacio que habita. El

Fig. 1.1. Geografía artificial antigua en contraposición a geografía natural, ejemplo en Roma, Italia

autor aclara que la ciudad es un concepto precapitalista, sin embargo, a partir de los procesos de industrialización, el sistema económico dominante transforma la idea de ciudad en instrumento al servicio del mercado, es decir, en un producto de consumo; así, la geografía artificial se convierte en el centro de los procesos de espacialización formal de la metrópoli moderna. Para Lefebvre, el espacio social es contradictorio ya que se produce a través de la dialéctica de la triplicidad, la cual está constituida por tres momentos o escalas: práctica espacial, representación de espacios, y espacios de representación. La práctica de los espacios constituye el primer acercamiento al ambiente construido, son las formas materiales percibidas, la representación de espacios agrupa todas las concepciones espaciales de un lugar determinado —aquí quedan incluidos proyectos, mapas e interpretaciones sígnico-simbólicas—, por último, los espacios de representación se construyen a partir de las experiencias de la vida cotidiana, es decir, de la intervención física de los cuerpos (ocupación-despliegue) en un geoespacio determinado. En el espacio vivido se superponen la materialidad del ambiente construido como territorio de práctica, las representaciones, los espacios perdidos, y el recuerdo de experiencias reales y vicarias. La representación espacial constituye una estrategia biopolítica (*planning* de primera y segunda escala)[22] orquestada por la ideología dominante. De acuerdo con Lefebvre, la reapropiación del cuerpo es la clave para la reapropiación del espacio, sólo desde ahí se pueden pensar estrategias de repolitización espacial.[23]

En cuanto a la dialéctica de la triple *lefebvriana*, Rob Shields explica que los procesos de espacialización generan lugares conectados entre sí, y los espacios resultantes de dichas conexiones se integran en geografías de naturaleza múltiple, donde la arquitectura representa el territorio material de punto de partida. El autor explica que la materialidad geográfica permite la construcción de nuevas geografías utilizando procesos topológicos culturales, es de esta manera que surgen las distintas historias espaciales con las que se explica el mundo:[24] La historia es pensamiento, el pensamiento es teoría y la teoría es futuro. La creación de nuevos espacios a partir de otros espacios se logra utilizando una compleja red de experiencias que conecta lugares sobre codificados e interrelacionados topológicamente. Shields valida la idea del espacio de la experiencia humana como una representación virtual, donde la geografía es forma y organización conceptual del espacio.[25]

El espacio: de los griegos a las teorías modernas

En este punto del documento se abre un paréntesis para explicar el espacio y sus capas: La comprensión del espacio, como idea general, se sucede gracias a las matemáticas. Tales de Mileto eleva los detalles de medición egipcia y los convierte en verdades generales, así por ejemplo la proposición "todo diámetro bisecta al círculo" representa una ecuación que da origen al álgebra (ciencia de la reducción y la cancelación). Tales fue el primer matemático en señalar la importancia del "lugar geométrico": siguiendo la idea de abstraer todo volumen de su límite material, establece lo abstracto como concepto. Tales sintetizó sus pensamientos filosóficos en el enunciado "Todo es agua". Pitágoras fue discípulo de Tales, su trabajo se inicia como respuesta a la pregunta filosófica universal "¿Cómo se puede llegar a saberlo todo?". El descubrimiento del teorema "el cuadrado de uno de los lados de un triángulo rectángulo es igual a la suma de los cuadrados de los lados restantes" genera la idea de número real y la posibilidad de diseños característicos (números triangulares, cuadrados, entre otros). El número diez o *tetractys* llega a ser el ideal estético de la geografía artificial de las ciudades antiguas. Pitágoras define la matemática como disciplina, y señala la diferencia entre matemáticas discretas y continuas, dentro del primer grupo se encuentran la aritmética y la música, y en el segundo grupo, la geometría y la astronomía. Para los pitagóricos, las figuras geométricas eran entendidas como las unidades que conforman el espacio. Platón fue un filósofo matemático de la escuela de Atenas, sus propuestas se fundamentan en la geometría y la aritmética, el principio de su cátedra se resume en el enunciado: "Que nadie que no sepa geometría traspase mis puertas".[26] En su famoso texto el Timeo (héroe pitagórico), Platón fortalece la idea griega de un universo finito, su teoría atiende tres problemas principales: el origen del universo, la estructura de la materia, y la naturaleza humana. Platón define la relación entre los cuerpos geométricos regulares y los elementos de la naturaleza, cubo/tierra, octaedro/aire, pirámide/fuego, icosaedro/agua, dodecaedro/cosmos. Es Platón quien establece el espacio como receptáculo, desplazando la idea del espacio como vacío.[27]

Aristóteles fue estudiante de Platón y propuso una imagen del universo donde la tierra ocupa la posición central, mientras que el sol, la luna y el resto de los planetas giraban alrededor de ella en círculos —este principio teórico sustituyó la cosmología platónica—. A partir de la propuesta de Aristóteles, Ptolomeo elaboró un modelo geométrico del universo en el cual la tierra seguía en el centro, rodeada por 5 planetas (Mercurio, Venus, Marte, Júpiter y Saturno), además de la luna, el sol y las estrellas. Fue sólo en 1514 que Nicolás Copérnico propuso y demostró un modelo diferente del cosmos: el sol era el centro mientras que la Tierra y los planetas orbitaban a su alrededor. Con eso, el mundo humano perdió la centralidad, y por ende todas las instituciones construidas bajo este principio (incluyendo la arquitectura y las organizaciones del espacio social).[28] Un siglo después, Johannes Kepler, modificó la teoría espacial *copérnica*, proponiendo elipses para la trayectoria de las órbitas de los planetas; así, Kepler estableció la importancia del foco en una cónica, y la existencia de éste en la parábola. Con las tres leyes de 1619, el matemático-astrónomo avanza la geometría al señalar que las líneas paralelas se unen en algún punto en el infinito. Además, ensaya el cálculo infinitesimal al estudiar la línea que une la tierra con el Sol, y escribe los principios para el desarrollo de métodos de cálculo de áreas limitadas por curvas. A finales del siglo 17, Isaac Newton adelantó el conocimiento matemático al descubrir el cálculo diferencial e integral,[29] y revolucionó la astronomía con la elaboración de la ley de gravitación universal, proponiendo que todo cuerpo suspendido en el universo es atraído a otro cuerpo y la fuerza de esa atracción depende de la masa de cada uno de los cuerpos, así como de la distancia que haya entre ellos. Con su propuesta, Newton da comienzo al desarrollo de teorías modernas, donde se contradice la jerarquía de esferas espaciales y el movimiento de la Tierra pasa a ser relativo, mientras que para la Física el espacio es virtualmente real.[30]

Los postulados del reposo absoluto (éter) y del tiempo universal dominaron la ciencia del siglo 19; sin embargo, en las primeras décadas del siglo 20, fueron sustituidos por la teoría de la relatividad general. Albert Einstein propuso la equivalencia entre masa y energía, y estableció que nada puede moverse más allá de la velocidad de la luz ($E = mc^2$). La teoría de la relatividad de Einstein revolucionó la propuesta de Newton, al deshacer la idea del tiempo absoluto y apostar por el tiempo personal.[31] La paridad entre aceleración y gravedad sólo puede explicarse con geometrías no planas; a partir de la matemática abstracta de Georg F. Riemann (geometría diferencial), Einstein propuso el espacio-tiempo curvado, y así un nuevo modelo para entender el universo. La teoría de la relatividad general propone al espacio y al tiempo como participantes activos en la dinámica del cosmos.[32] El pensamiento de Einstein posibilitó la idea de un mundo en expansión y con ello la comprobación del "big bang" (gran explosión) como origen del universo; la ley de gravitación de Newton había mostrado que el cosmos no era estático, pero nada se dijo de su expansión. En 1929, las observaciones de Edwin Hubble permitieron confirmar que el espacio se prolonga indefinidamente (alejamiento de las galaxias), ahora se sabe que existen miles de millones de galaxias con características formales distintas, y que son contenedoras de un número indefinido de estrellas y planetas, es decir, el universo se extiende sin fin en el espacio y cambia continuamente a través del tiempo.[33] Durante el desarrollo de la teoría de la relatividad general, Einstein predijo las ondas gravitatorias, y así se percató de la existencia de los agujeros negros, pero nunca los aceptó, para él, las estrellas pesadas llegarían a una forma final. En 1969, John Wheeler propone el término agujero negro para explicar el proceso de contracción-invisibilización (colapso gravitatorio) de algunas estrellas masivas-compactas. A partir de aquí Stephen Hawking y Roger Penrose, definen los agujeros negros como vacíos en el espacio donde ni la luz puede escapar y todo es atrapado por un poderoso campo de gravedad; una vez que 'desaparecen', las estrellas colapsadas pueden ser detectadas ya que siguen ejerciendo una fuerza gravitatoria sobre los objetos que las rodean. En general, los primeros estudios determinaron que los agujeros negros están delimitados por un horizonte de sucesos.[34]

La teoría de Hawking y Penrose, sobre el origen del universo, demostró que antes de la gran explosión el cosmos estaba concentrado en un solo punto de densidad infinita al que llamaron singularidad. Así, en el universo primitivo, la teoría de la relatividad general resultaría un modelo incompleto para la comprensión del espacio. La propuesta de Einstein desveló que el tiempo tiene forma, ya que es imposible curvar el espacio sin curvar el tiempo; en el espacio-tiempo tetradimensional, las dimensiones espaciales pueden invertirse, pero no la temporal, la historia del tiempo real es unidireccional, siempre va del pasado al futuro. De acuerdo con los estudios de Hawking y Penrose, no es posible explicar el universo a partir de una sola historia, es necesaria una colección de posibilidades temporales. Los científicos partieron de la "suma de historias" de Richard Feynman (física cuántica) e intentaron combinar esta hipótesis con el modelo de la relatividad general, uniéndose a los esfuerzos por definir una "teoría del todo": conocer múltiples orígenes temporales posibilita suposiciones del desarrollo del universo. El hiper relato del cosmos ocurre gracias al uso del tiempo imaginario, las historias que se suceden en tiempo imaginario constituyen otra dimensión espacio temporal.[35] En ese sentido, cualquier narración del cosmos en tiempo real define las historias ocurridas en tiempo imaginario, y las historias del tiempo imaginario determinan los relatos reales; tanto las historias reales imaginarias, como las reales-reales tienen características específicas, es decir, pueden ser distintas. James Hartle y Stephen Hawking proponen la idea del universo autocontenido, un cosmos sin fronteras espacio-temporales, que no necesita nada externo para activar sus mecanismos, sólo las leyes científicas, las relaciones de causa-efecto y el azar.

La unificación de las cuatro fuerzas de la naturaleza (fuerza nuclear fuerte, electromagnética, nuclear débil y gravitatoria) es llamada teoría M: aquí se agrupan las cinco teorías de supercuerdas y la supergravedad, estos modelos físico-matemáticos descubrieron que las partículas fundamentales del universo no eran puntos de cero dimensiones, sino cuerdas cuyas vibraciones les daban forma. La teoría M, propuesta por Edward Witten, considera once dimensiones para la explicación del microcosmos y evoluciona la idea de cuerdas unidimensionales proponiendo los p-branas o tipos de espacio topológico; en el universo de la escala humana, siete de las once dimensiones referidas son imperceptibles, ya que están compactadas y su radio de curvatura es muy pequeño. De acuerdo con Hawking, una teoría que lo explicara todo tendría que considerar el principio de incertidumbre; en sus propuestas habla de la combinación de la teoría de la relatividad general y la física cuántica, así como de una teoría cuántica de la gravitación, sin embargo, todos los esfuerzos por definir una teoría unificadora han resultado inconsistentes. El principio de incertidumbre, a través del cual sólo se puede determinar la posición o velocidad de una partícula, pero no ambas, reduce las predicciones de la evolución del cosmos a la mitad, y cuando se trata de agujeros negros (singularidades), la incertidumbre no puede establecer con precisión ninguna de las opciones anteriores. Así, la búsqueda de la teoría del todo se transforma en la búsqueda de las ideas que mejor expliquen el universo, y esto incluye los modelos matemáticos con dimensiones adicionales.[36] Durante el siglo 20, se determinó que los agujeros negros estarían delimitados por el horizonte de sucesos, dicha frontera divide el universo en dos partes que se pensaron incomunicadas, con eventos independientes ocurridos en ambos lados del horizonte. También se descubrió que la materia que atraviesa el límite del agujero negro queda atrapada en su campo gravitatorio, nada puede escapar de él, ni siquiera la luz; se habló de la "radiación de Hawking" y del "muro de fuego". Sin embargo, en un breve artículo presentado en 2014, Hawking sustituyó la idea del "horizonte de sucesos", por el concepto de "horizonte aparente", un contorno temporal que permitiría la recuperación de la información de los objetos atrapados en el agujero negro. El científico aclara que la información recuperada es distinta a la original ya que emerge mezclada, por lo que la reconstrucción del objeto inicial resulta imposible.[37] Con esta polémica idea, Hawking apuesta a la redefinición de los agujeros negros, y con ello a la revisión de las teorías que explican el universo. Se cierra el paréntesis.

De los geoespacios a los espacios-frontera

La geografía puede dividirse en natural y artificial, dentro del segundo grupo quedan inscritos el ambiente construido y los artefactos arquitectónicos. La geografía artificial se construye a partir de la escala urbana, pero también desde la arquitectura como territorio (espacio interior). A su vez, el término geoespacio define a los espacios que se producen entre las geografías naturales y las artificiales.[38] Los geoespacios se actualizan a partir del performance cotidiano de los cuerpos, este simulacro conecta elementos atendiendo códigos y normas de uso espacial (fig. 1.2). Sin embargo, son los otros cuerpos, los secundarios, los que generan los espacios-frontera.[39] De acuerdo con lo escrito en párrafos anteriores,

Fig. 1.2. Geoespacio primitivo, intercosmos, ejemplo en Londres, Inglaterra

existen tesis que explican el macrocosmos —por ejemplo, la teoría de la relatividad general–, y otras hipótesis, como las agrupadas en la física cuántica, que analizan el microcosmos. A partir de los estudios generales sobre el universo, este documento propone pensar el espacio de la escala humana como universo medio o intercosmos. En este sentido, cualquier explicación o descubrimiento sobre el multiverso es aplicable para la comprensión del espacio social.

Pero ¿Cómo se podrían imaginar las afectaciones y/o relaciones que ocurren entre los diferentes niveles cosmológicos? Una idea: Pitágoras establece que las matemáticas continuas están constituidas por la geometría y la astronomía, de ahí que las formas geométricas (arquitectura) se entiendan como las unidades-elementos del espacio (ciudad); Platón, a su vez, fortalece esta visión espacial al significar la materialidad arquitectónica a través de los elementos de la naturaleza —por ejemplo, cubo-tierra, o pirámide-fuego— de modo que la sustitución del espacio-vacío por el espacio-receptáculo redondea la tesis platónica del cosmos. Aquí se hace necesario mencionar que el recipiente espacio sólo adquiere significado a partir de la materia-producto, y que esta simbolización se conecta directamente con la jerarquización biológica de los cuerpos y su proceso de ocupación-despliegue. Si la ciudad es una réplica del conocimiento del cosmos, entonces los modelos de Aristóteles y Ptolomeo podrían ser comparados con la organización espacial de la ciudades-Estado. Luego, con la revolución de Copérnico, el ambiente construido deja de ser la unidad-central para convertirse en un elemento más del complejo sistema urbano. El cosmos de movimiento elíptico propuesto por Kepler puede relacionarse con las dinámicas de uso espacial de la metrópoli moderna, estableciendo focos urbanos de acuerdo al flujo económico, el intercambio comercial y el incremento poblacional; esta tesis fundamentada en conexiones de capitales (ciudades primarias) y asentamientos urbanos (regiones secundarias) es fortalecida por la ley gravitacional de Newton, así como los sistemas planetarios giran alrededor del Sol, la fuerza de atracción de los centros urbanos globales pasa a definir el mapa geopolítico de todo el planeta.

La teoría de la relatividad general de Einstein desveló, entre otras cosas, la existencia de muchos espacios contenidos en otros espacios. Del mismo modo, el ambiente construido fue entendido a partir de la relación entre su materialidad y la experiencia espacial: en esa relación, la idea de lugar-identidad, las geometrías diferenciales y los metadatos se consolidaron como puntos de partida para el desarrollo de investigaciones geo-urbanas. La segunda mitad del siglo 20 trajo consigo importantes avances científicos con respecto al conocimiento del cosmos, tales como el origen del universo y su relación con los agujeros negros, el principio de incertidumbre, la suma de historias, y la teoría de cuerdas. Con eso, aparecieron conceptos y teorías que explicaban el espacio de la escala humana: los momentos o multi dimensiones espaciales, la idea de la sociedad urbana, la producción del espacio a partir de implosiones y explosiones, lo urbano como horizonte, la desaparición del afuera territorial, entre otros. Ahora bien, si la clave para entender el universo son los agujeros negros, entonces, se podría argumentar que los geoespacios son las singularidades del intercosmos, mientras que los espacios-frontera constituyen los agujeros negros super masivos del universo medio (particularmente cuando se sabe que un agujero negro sigue ejerciendo una fuerza gravitatoria sobre los objetos vecinos, y que puede ser perceptible gracias a los rayos X que se escapan del horizonte de sucesos, según la teoría de la radiación de Hawking).[40] La sustitución del horizonte de sucesos por el aparente permite decir que las formas de los espacios-frontera, o geografías segundo-espaciales,[41] son el resultado de la graficación del proceso de ocupación-despliegue de los cuerpos subordinados. Las cartografías obtenidas desvelan que el intercosmos tampoco puede explicarse a partir de una sola historia, y que el tiempo imaginario juega un papel fundamental en la creación de espacios topológicos (p-branas del universo medio) (fig. 1.3).

Con respecto a la relación entre ciudad-arquitectura y naturaleza-cuerpo, Lefebvre argumenta que la ciudad industrial cambió la correspondencia entre espacio y sociedad y señala que este evento fue el punto de partida del proceso de urbanización planetaria. En su construcción, la ciudad aparece como elemento de mediación entre múltiples fuerzas contradictorias, las cuales producen el espacio social. Lo urbano, a su vez, se convierte en el horizonte de posibilidades para la reapropiación del espacio urbanizado. Lefebvre define el espacio social como la fuerza de producción que suplanta el papel de la naturaleza cuando la ideología capitalista transforma el espacio social en producto de consumo, y en la herramienta política que produce vivienda y suministra empleo; así, la estructura del espacio instrumental se crea a partir de las relaciones de producción capitalista y la jerarquización de cuerpos y lugares. En este sentido, el espacio de la escala humana es ordenado por un conjunto de instituciones o sistemas sígnico-simbólicos que norman ideológicamente a la sociedad-mercado. Siguiendo a Lefebvre, la ciudad capitalista produce y reproduce espacio abstracto; sin embargo, gracias a su cualidad virtual (inherente a todo espacio social), los cuerpos normados pueden crear espacios diferenciales o contraespacios, es decir, estrategias de reapropiación y/o repolitización. Lefebvre define el espacio abstracto como el resultado de los sistemas de planeación urbano-arquitectónicos, argumentando que la razón del mercado invierte la lógica de producción espacial, y los cuerpos dejan de ser productores del espacio y se convierten en productos espaciales del poder hegemónico.[42]

De acuerdo con la tesis lefebvriana, la inversión en los procesos de construcción del espacio cotidiano se debe a una disociación entre la representación espacial y los espacios de la experiencia (separación cuerpo-naturaleza y geografía artificial): al ignorar las múltiples mediaciones entre lo concebido y lo vivido, se sustituye el espacio real (el que sucede) por los discursos sobre el espacio, —aquí quedan incluidas las representaciones del espacio, las teorías urbanas tradicionales y las categorizaciones espaciales (centro-periferia, adentro-afuera, moderno-no moderno, ciudad-no ciudad, urbano-rural, formal-informal)—. El espacio abstracto prioriza lo visual, es hiper masculino y simultáneamente homogéneo y roto. En su proceso de producción, la arquitectura y el *planning* moderno han sido piezas clave: desde las primeras décadas del siglo 20, las escuelas de arquitectura han construido, y naturalizado, la ideología del poder, de este modo, la arquitectura se entendió como el orden moral y natural del espacio social, y la definición del "otro" espacio

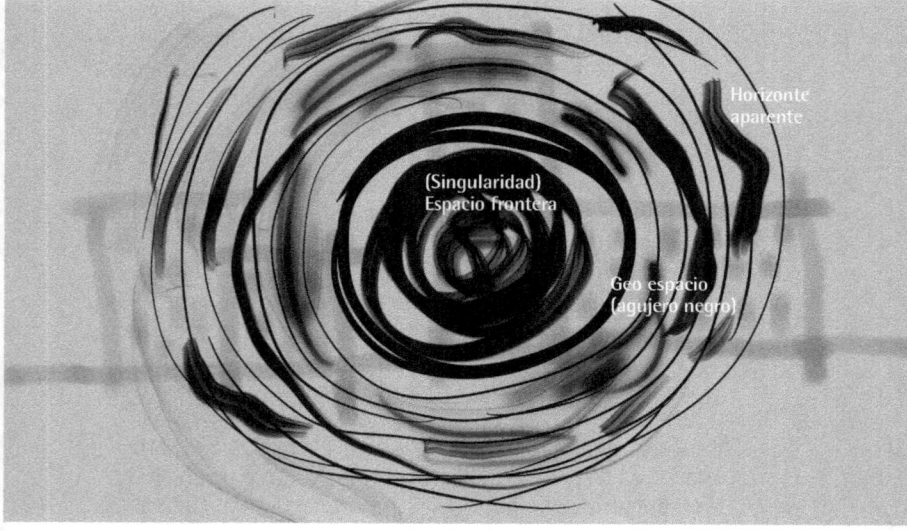

Fig. 1.3. El espacio-frontera como singularidad de la espacialidad humana: esquema general

(vernáculo, popular, periférico o informal) se hizo desde la razón instrumental. De este modo, a través de diferentes discursos académicos se validó el proceso de imitación, las teorías urbano-arquitectónicas se convirtieron en el modelo de producción espacial. Lefebvre explica que dentro de la ciudad capitalista la imagen del espacio sustituye al espacio real, y argumenta que la fractura entre la representaciones del espacio y los espacios de la experiencia, resulta en una práctica espacial excluyente, la cual produce zonas donde los cuerpos son reducidos a expresiones espaciales de sobrevivencia.[43]

En el contexto del espacio de la escala humana, cuando se habla de apagar la planeación (*off-planning*), lo primero que se viene a la mente es la geografía informal. Siguiendo lo dicho por algunos teóricos, la informalidad urbana apareció durante la segunda mitad del siglo 20, y fue consecuencia del sistema económico global imperante. Fue a partir de ahí que "lo informal" se convirtió en la característica urbana de las geografías del sur, es decir, del ambiente construido de los países periféricos o dependientes. Como concepto surgido de la economía, la informalidad se relaciona con los pobres urbanos, o sea, los informales son los desempleados o subempleados que trabajan en el mercado laboral vulnerable. De acuerdo con Nezar AlSayyad y Ananya Roy, la informalidad urbana representa el urbanismo del siglo 21, y definen la informalidad como un proceso, un modo de vida específico, el cual es determinado por los códigos de uso espacial dictados desde el capitalismo-neoliberal.[44] Roy argumenta que el actual crecimiento urbano permite decir que las ciudades del futuro surgirán de todas las contradicciones urbanas que definen las capitales del sur global, en las cuales la informalidad constituye un elemento básico de la cotidianeidad de sus habitantes. En este sentido, Roy señala que, si bien es cierto que la ciudad informal construye nuevas geografías, el tejido periférico siempre estará directamente relacionado con la ciudad formalmente planeada. Además, apunta que esta relación intrínseca, informalidad/formalidad, cambia por completo la dinámica del proceso urbano y, por lo tanto, la idea de ciudad. Por eso, propone separar "lo informal" de la política económica, y a partir de ahí superar el binarismo implícito en los conceptos de teoría urbana, tales como, campo/ciudad, urbano/rural, adentro/afuera, norte/sur.[45]

Profundizando sobre el tema, Roy explica que los primeros estudios sobre informalidad urbana, aún entendida como marginalidad, surgieron en el siglo 19; sin embargo, la autora señala que estos argumentos fueron superficiales ya que las tesis marxistas definieron a los pobres urbanos como grupos proto-proletarios. En su lógica, la migración moderna campo-ciudad resultó en una expansión acelerada de asentamientos periféricos, cuando la marginalidad se entiende como una herramienta de control orquestada por el capital y el Estado; de acuerdo con la autora, la mitificación de "o informal" permitió la integración de los pobres urbanos a las dinámicas de la metrópoli moderna. Sin embargo, aclara que a pesar de las tácticas urbanas de integración (apropiación de terrenos, uso ilegal de agua potable y electricidad, subempleo, etc.), los pobres urbanos continuaron excluidos de la figura de ciudadanía, es decir, sin acceso a la educación, a los servicios de salud y a la infraestructura urbana. Siguiendo la tesis de la informalidad como modo de vida, Roy señala que las posturas teóricas más difundidas son: estigmatización de los habitantes de espacios marginados (favelas, guetos, chabolas, campamentos, barrios populares), la visión apocalíptica de un mundo "*slumizado*" y la marginalidad como mito, es decir, la defensa de una ciudad carente de ciudadanos fundamentada en un mercado económico sin reglas. Así, los discursos posmodernos sobre informalidad urbana se construyeron desde visiones opuestas: por un lado, están los asentamientos informales entendidos como espacios de violencia, y por el otro, está la periferia urbana como territorio de oportunidades para el desarrollo económico de autogestión.[46]

La tesis de Roy y AlSayyad que sugiere la informalidad como modo de vida plantea a los pobres urbanos como productores de ciudades análogas a aquellas planeadas por el gobierno-capital. Dicha propuesta se fundamenta en una contragubernamentalidad basada en estrategias de planificación automática. Así, defienden su argumento sobre como la informalidad es práctica del *planning* urbano, es decir, forma de producción espacial que conecta economías y lugares territoriales. Desde esta perspectiva la metrópoli informal está totalmente planificada, con esto, Roy desconstruye la romantización de las teorías ecológicas sobre los espacios informales, las cuales explican "lo informal" como un urbanismo propio (exclusivo) de las geografías periféricas. A partir de eso, la autora propone la sustitución de la oposición binaria formal/informal por la diferenciación de modos de informalidad.[47] Al respecto, la misma Roy señala que la geografía de la informalidad contemporánea representa el área de cruce entre zonas rurales y urbanas y explica que estos espacios grises se configuran a través de distintas informalidades (migración interna, asentamientos industriales, dinámicas de urbanización periférica, desplazamientos, entre otros). Según su tesis, el crecimiento de las ciudades es impulsado por la urbanización no-formal, en la cual estos procesos siguen construyendo nuevas morfologías tales como las ciudades policéntricas o pos-metropolitanas (fig. 1.4). Además, expone que la planificación como expresión tripartita del poder soberano (estado, capital y academia) determina qué informalidades son necesarias para el fortalecimiento de lo urbano-formal como concepto, y señala que existe una compleja relación entre planificadores formales e informales, agregando que dicha complejidad se evidencia en diferentes proyectos de integración urbana, por ejemplo, el programa favela-barrio de Brasil.[48]

La crítica de Roy hacia los proyectos de formalización urbana radica en que éstos priorizan la mejora física-espacial y no desarrollan condiciones o habilidades de subsistencia, de ese modo, la propuesta general se convierte no más que en un embellecimiento de las geografías excluidas.[49] Durante la última década del siglo 20, surgió un renovado interés en el derecho a la propiedad "formal" de la tierra, pieza fundamental de los procesos de inclusión urbana, sobre eso Roy argumenta que una vez que se logra la tenencia de la tierra, otorgada por el Estado, los habitantes informales pasan a participar en las dinámicas de mercado de la economía capitalista, pero siempre con desventaja ciudadana, ya que los recursos de integración urbana maquillan la perpetuación de la dependencia binaria formal-informal. Roy defiende que los planeadores urbanos juegan un papel fundamental en la transformación de la lógica convencional que siguen los proyectos de inclusión socio-espacial, y la clave de sus éxitos debe radicar en que los planes maestros vayan más allá de la organización de uso de suelo, tenencia de la tierra y embellecimiento del paisaje urbano,[50] el *planning* urbano debe ser pensado desde las contradicciones de la informalidad,

Fig. 1.4. Representación del *off-planning* 1: vista desde el Sheraton; ejemplo en Rio de Janeiro, Brasil

eso podría ser la herramienta clave para construir ciudades más justas. El problema de la tesis de Roy, y de la de Roy-Alsayyad, radica en la naturaleza misma del planeamiento urbano: al ser un instrumento de control espacial, se encarga de borrar la frontera que existe entre lo integrado y lo excluido, haciéndolo, construye diferentes tipos de representaciones que perpetúan el ejercicio del poder. Además, al quitarle importancia al espacio, se deja de lado la jerarquización de los cuerpos como herramienta capitalista de ordenamiento urbano.

Las fronteras geográficas son áreas en constante reterritorialización. En muchas ciudades latinoamericanas se borra una primera frontera con el nuevo desarrollo urbano, que se materializa a través de infraestructuras, viviendas, áreas comerciales, bases de comunicación y canales, ciudadelas financieras, edificios gubernamentales, entre otros. Independientemente de la posición geográfica de los asentamientos informales, su vida cotidiana se basa en una cultura de frontera, es decir, en una identidad cultural particular, caracterizada por la contingencia y la hiper-hibridación.[51] Los asentamientos "frontera" son la tierra de los "de afuera". A partir del proyecto de reunificación de Berlín, Julia Walker sugiere la idea de fronteras intangibles: desde la idea de que el concepto principal del proyecto de integración en la capital fue la unión contradictoria de las dos Alemanias, Walker señala que la frontera permaneció como un espacio vacío, incluso después de la intervención urbano-arquitectónica. El "muro" fue reemplazado por edificios fronterizos no integrados a la ciudad, los artefactos arquitectónicos reconfiguraron la misma línea límite que intentaban que desapareciera.[52]

Kristin Poling explica la normalización de zonas-frontera creadas a partir de barreras geopolíticas, señala que los muros reformulan los espacios a su alrededor y que construyen fronteras virtuales desde los límites reales. Al final, la sombra reflejada parece más importante que el borde mismo.[53] Por otro lado, Tina Potocnik explica la idea de frontera-territorio a partir de la división de la ciudad de Gorizia: después de la Segunda Guerra Mundial, el límite fronterizo creó dos Gorizias, una ciudad ubicada en Italia y otra en Yugoslavia. La nueva frontera confinó el centro urbano a Italia, mientras que la mayor parte de la zona habitacional quedó ubicada en el territorio que comparten serbios, croatas y eslovenos. Con el centro más allá de la frontera, el gobierno de Yugoslavia decidió construir un nuevo centro cívico cerca del antiguo. Potocnik explica que la frontera política quedó convertida en un espejo de simulacros entre los de afuera y los de adentro.[54]

De acuerdo con Michael Leaf, la constante reclasificación de las zonas rurales en áreas urbanas produce morfologías flexibles, las cuales caracterizan a las ciudades globales contemporáneas. En este sentido, la periferia se redefine como zona fronteriza y, a su vez, por lo general, este doble proceso de reterritorialización es dirigido por el poder gubernamental. Leaf explica la urbanización-frontera como un área incierta de conectividad que posibilita el surgimiento constante de nuevas organizaciones espaciales.[55] Usando ejemplos localizados en la ciudad de Beirut, Hiba Bou Akar define los espacios frontera como zonas híbridas que hospedan cuerpos "no deseados", es decir, aquellos que obstaculizan el desarrollo de las ciudades. La autora explica que la idea de frontera ha sido asociada con los conceptos de periferia e informalidad urbana; y defiende que los espacios frontera se construyen de la relación de fuerzas contradictorias, ya que sus características socioeconómicas y políticas permiten el desarrollo de la zona y al mismo tiempo son el origen de los procesos de exclusión que padecen. Bou Akar señala que las zonas de frontera son representadas como territorios distópicos, de esta manera, los poderes hegemónicos aprovechan la incertidumbre para reconfigurar la periferia a imagen de sí mismos. Además señala que el surgimiento de sub periferias dentro de la periferia constituye otro proceso de fronterización, sin embargo, Bou Akar también apunta que desde las fronteras espaciales es posible la desestabilización del centro urbano, lo que las conviete en territorios de resistencia.[56]

Hablando de territorios-frontera, Rafael Soares apunta que el nombre "favela" tiene su origen en una planta común que cubre los cerros de algunas regiones de Brasil, explica que las primeras favelas surgieron a finales del siglo 19 cuando los soldados que sirvieron en la guerra, regresaron a la ciudad y habitaron una parte del cerro de la Providencia, fundando así el primer asentamiento al margen de la organización espacial (*planning*) de Rio de Janeiro; y que a partir de la segunda mitad del siglo 20, se le llamó favela a toda urbanización periférica registrada en las ciudades brasileñas. Soares explica que las favelas han sido representadas como zonas ilegales y salvajes, donde habitan los pobres urbanos y que esta imagen ha fortalecido la idea de la favela como la no-ciudad. De acuerdo con el autor, en un principio las favelas sirvieron como solución frente al reto de la vivienda, además, facilitaron el proyecto de modernización de la ciudad, gracias a la reubicación de los inquilinatos; por lo tanto, la urbanización informal era promovida por el propio Estado.

El nuevo plan urbano de Rio de Janeiro se fundamentaba en principios higienistas, los cuales , por un lado, mejoraron notoriamente las condiciones sanitarias de la metrópoli, sin embargo, por otro lado, tales reformas fortalecieron la separación entre ciudad y favela. Así, el centro fue destinado para negocios y poder gubernamental, seguido por vivienda para habitantes influyentes, mientras que las clases populares que habitaban el centro de la ciudad fueron desplazadas hacia las lomas y suburbios periféricos. La imagen de la favela como zona marginada, sirvió de excusa para la creación de discursos gubernamentales y proyectos de intervención con perspectiva centralista. El *planning* se convirtió en el instrumento de producción de territorios de exclusión espacial. Los habitantes de las favelas se mantuvieron como ciudadanos subalternos, es decir, como habitantes de zonas con derechos urbanos distintos. Soares señala que, a pesar del constante proceso de estigmatización, las favelas constituyen fronteras que permiten la inclusión de las clases populares a las dinámicas socioespaciales, y con ello el continuo cuestionamiento de la ciudad formalmente planeada.[57]

Con respecto al concepto de espacio-frontera, y su relación con la jerarquización de los cuerpos, bell hooks explica que estar en la frontera significa pertenecer a una determinada geografía, pero sin formar parte del cuerpo principal. Más allá de la línea divisoria entre centro y periferia, existe el derecho espacial al que tienen acceso los cuerpos primarios, mientras que a los otros cuerpos se les permite el uso territorial como prestadores de servicios. A pesar de esto, bell hooks define los márgenes como lugares concretos donde hay posibilidades que permiten nuevas formas de interacción, y considera que en el territorio-frontera se vive el presente como futuro y viceversa, por lo que el límite geográfico se constituye en el espacio que resiste los embates de las dinámicas sociourbanas producidas desde el poder hegemónico. Siguiendo a la autora, la frontera puede considerarse un espacio central con movilidad propia y, aunque existen cuerpos confinados al margen, la característica del doble cruce, o conocimiento de dos mundos, desvela otros espacios, los cuales modifican los códigos de uso impuestos por del planeamiento urbano (Fig. 1.5).[58]

Siguiendo con el tema, Gloria Anzaldúa entiende el borde entre México y Estados Unidos como un espacio de choque cultural, una frontera ambigua y flexible. Anzaldúa se define como mujer-frontera y, así, se construye a partir de la herida geográfica. La autora explica que los bordes espaciales están llenos de contradicciones, por lo que los límites no son lugares cómodos para vivir, sin embargo, aclara que los cuerpos-frontera desarrollan una identidad hiper-híbrida, cambiante, la cual les permite habitar la incertidumbre y crecer en ella.[59] Para Anzaldúa, los territorios frontera son áreas de separación espacial, lugares de continuo tránsito, los cuales son habitados por los cuerpos-cruce, es decir, por los expertos en mover los límites e inventar otros lenguajes. Con su propuesta, desvela que existen geoespacios definidos a partir de cuerpos con características específicas, y que los "otros" cuerpos son los únicos capaces de crear espacios temporales de doble cruce, es decir, singularidades desde donde se define la naturaleza múltiple del intercosmos.

Fig. 1.5 La zona frontera como el espacio de los "otros" cuerpos. Imagen de la performance We are FRONTERA (2016), en Monterrey, México

Notes

1. MALDONADO, Diana. *Post-Arquitectura. Notas sobre geografías invisibles*, p. 115-116.
2. RICH, Adrienne. *Blood, Bread, and Poetry. Selected Prose 1979-1985*, s.p., cap. XV.
3. BUTLER, Judith, *Bodies That Matter: On the Discursive Limits of Sex*, s.p., cap. 1.
4. Maurice Merleau-Ponty fue un filósofo francés inscrito en la fenomenología. Sus ideas principales se fundamentan en la percepción, la experiencia (existencia), y el cuerpo.
5. BUTLER, Judith. "Performative Acts and Gender Constitution: An Essay in Phenomenology and Feminist Theory". En *Theatre Journal*, p. 519- 522.
6. MAHTANI, Minelle. "Judith Butler". *Key Thinkers on Space and Place*. Editado por Phil Hubbard y Rob Kitchin, p. 83-86.
7. Vitruvio, *Los diez libros de arquitectura*, p. 101.
8. Idem, ibidem, p. 82-88.
9. Idem, ibidem, p. 243.
10. LE CORBUSIER, *Hacia una Arquitectura*, p. 29.
11. BOESIGER, Willy, GISBERGER, Hans. *Le Corbusier 1910-1965*, p. 44.
12. Idem, ibidem, p. 290-293.
13. VENTURI, Robert, *Complejidad y contradicción en la arquitectura*, p. 27-36.
14. VENTURI, Robert, SCOTT BROWN, Dennise, y IZENOUR, Steven. *Aprendiendo de las Vegas. El simbolismo olvidado de la forma arquitectónica*, p. 115-118.
15. KOOLHAAS, Rem. *Delirio de Nueva York. Un manifiesto retroactivo para Manhattan*, p. 81-128.
16. Idem, *Conversaciones con estudiantes*, p. 9-14.
17. Idem (Org.), *Elements of Architecture*, p. XLIII-XLIV.
18. LYNCH, Kevin. *La imagen de la ciudad*, p. 11-13.
19. Idem, ibidem, p. 61-64.
20. De acuerdo con las teorías de la física general, el espacio de la escala humana se vive en 3 dimensiones espaciales y 1 dimensión espacio temporal.
21. MALDONADO, Diana, Op. Cit., p. 64-66.
22. El ambiente construido puede ser "planeado" en dos diferentes escalas: la primera constituye el interior del edificio, mientras que la segunda escala es el esqueleto formal del artefacto arquitectónico.
23. LEFEBVRE, Henri. *La producción del espacio*, cap. 01 y 03.
24. SHIELDS, Rob. *Places on the Margin. Alternative geographies of modernity*, cap. 1.
25. Idem. *Spatial Questions, Cultural Topologies and Social Spatializations*, cap. 5.
26. TURNBULL, Herbert. "Los grandes matemáticos". *El Mundo de las Matemáticas*, editado por James Newman, pp. 10-15, 24. [libro]
27. SHIELDS, Rob, Op. Cit., p. 45-46.

28 HAWKING, Stephen. *A Brief History of Time*, p. 2-6.
29 TURNBULL, Herbert. Op. Cit., p. 53-68.
30 HAWKING, Stephen. Op. Cit., p. 7-9.
31 HAWKING, Stephen, *El universo en una cáscara de nuez*, cap. 1.
32 Idem, ibidem, cap. 2.
33 Idem, ibidem, cap. 3.
34 HAWKING, Stephen. *La teoría del todo: El origen y el destino del universo*, cap. 2.
35 Idem, ibidem, cap. 3.
36 Idem, ibidem, cap. 5.
37 HAWKING, Stephen. "Information, Preservation and Weather Forecasting for Black Holes". *High Energy Physics - Theory*. Disponible en: https://arxiv.org/abs/1401.5761.
38 GOLANY, Giedeon, TOSHIO, Ojima. *Geo-Space Urban Design*, p. 2-7.
39 MALDONADO, Diana. Op. Cit., p. 115.
40 Radiación formada por pares de partículas, la cual se produce cerca del horizonte aparente, también se le conoce como evaporación de agujeros negros.
41 Las geografías segundo-espaciales describen los espacios resultantes del despliegue de los cuerpos subordinados; el término hace referencia a la idea del segundo sexo planteada por Simone de Beauvoir.
42 LEFEBVRE, Henri. Op. Cit., p. 327-337.
43 Idem, ibidem., p. 355-368.
44 ROY, Ananya, ALSAYYAD, Nezar (Eds.). *Urban Informality. Transnational Perspectives from the Middle East, Latin America and South Asia*, p. 8-13.
45 Idem, ibidem, p. 15-27.
46 ROY, Ananya. "Urban Informality. The Production of Space and Practice of Planning". *The Oxford Handbook of Planning*, Editado por Rachel Weber y Crane Randall, p. 691-695.
47 ROY, Ananya, ALSAYYAD, Nezar (Eds.). Op. Cit., p. 2-7.
48 En el año de 1993, el gobierno de la ciudad de Río de Janeiro lanzó el programa Favela Barrio con el propósito de mejorar la calidad de vida de los habitantes de las favelas, esto a través de intervenciones urbanas puntuales. El proyecto se diseñó en tres fases: a) Regularización de la tenencia de la tierra; b) integración y conectividad con la traza urbana de la ciudad formal; y c) desarrollo de infraestructura urbana.
49 ROY, Ananya. "Urban Informality. Toward and Epistemology of Planning", *Journal of the American Planning Association*, p. 147-158.
50 Roy, "Urban Informality".
51 MALDONADO, Diana. "Somos sur, We are Frontera". *Border Without a Wall*. Editado por Fernando Lara & Diana Maldonado, p. 9-14.
52 WALKER, Julia. "The View from Above: Reading Reunified Berlin". *The Design of Frontier Spaces. Control and Ambiguity*. Editado por Carolyn Loeb y Andreas Luescher, p. 157-172.

53 POLING, Kristin. "Occupying No Man´s Land in the Lenné Triangle: Space, Spectacle, and Politics in the Shadow of the Berlin Wall". *The Design of Frontier Spaces. Control and Ambiguity.* Editado por Carolyn Loeb y Andreas Luescher, p. 31-44.

54 POTOCNIK, Tina Potocnik, "Gorizia and Nova Gorica: One Town in Two European Countries". *The Design of Frontier Spaces. Control and Ambiguity.* Editado por Carolyn Loeb y Andreas Luescher, p. 175-189.

55 LEAF, Michael. "New Urban Frontiers: Periurbanization and (Re)territorialization in Southeast Asia". *The Design of Frontier Spaces. Control and Ambiguity.* Editado por Carolyn Loeb y Andreas Luescher, p. 193-209.

56 BOU AKAR, Hiba, "From Poor Peripheries to Sectarian Frontiers: Planning, Development and the Spatial Production of Sectarianism in Beirut". *Territories of Poverty: rethinking North and South.* Editado por Ananya Roy y Emma Shaw Crane, p. 268-270.

57 GONÇALVES, Rafael. Favelas de Rio de Janeiro: historia y derecho, p. 79-95.

58 bell hooks, *Feminist Theory: From Margin to Center*, cap. 1.

59 ANZALDÚA, Gloria. *Borderlands/La Frontera*, p. 99-103.

Capítulo 2

Donde se reescribe la crónica de una muerte anunciada, se relacionan el espacio sedentario y la colonización y se piensa en alternativas de re-existencia espacial.

Para muchos teóricos de las disciplinas espaciales, la planificación urbana se puede definir como el conjunto de normas y técnicas que asegura el desarrollo económico y urbano de las ciudades; además, se considera que el *planning* regula el uso del suelo, establece políticas públicas, y organiza el funcionamiento del espacio a partir de la infraestructura material, así como la red de ingenierías y servicios. Desde esta perspectiva el "plan maestro" juega un papel fundamental en el éxito de proyectos de inclusión y mejora de barrios. Existen diferentes tipos de planificación, por ejemplo, arquitectónica, distrital, metropolitana o regional. Más allá de esta clasificación, el *planning* puede practicarse desde dos perspectivas: física, cuando prioriza el uso de la tierra y atiende aspectos socioeconómicos, y planeación espacial, cuando trata el diseño urbano y considera la participación ciudadana.[1]

Ahora bien, esto es en la teoría; desde otro eje, Michael Dear advierte que en la práctica el *planning* urbano es un instrumento al servicio del poder hegemónico, y explica que el planeamiento moderno es un proceso complejo debido a que intervienen en él muchas variables contradictorias, tales como el uso ordenado y eficiente del suelo, interés público, cobro de impuestos, garantía de máxima ganancia al capital privado, entre otras.[2] Durante la segunda mitad del siglo 20, Jane Jacobs lanza una fuerte crítica contra las prácticas convencionales de planificación urbana, e introduce nuevos principios para la reconstrucción de las ciudades, entre los que destacan los vecindarios distritales, parques como espacio público, la calle como elemento de conectividad urbana, y espacio útil. Jacobs considera que a partir de un planeamiento renovado es posible el "rescate" de las periferias o *slums*: la integración de los asentamientos periféricos a la ciudad formalmente planeada depende de su conversión a barrios dinámicos y autosuficientes.[3]

Los orígenes del planning

La historia dice que durante los primeros tres millones de años la humanidad vivió en asentamientos móviles, los cuales albergaban grupos nómadas de aproximadamente 30 personas. La creación de herramientas complejas, hechas de piedra, permitió el aumento de recolección de cereales y la caza de animales, los primeros ensayos de vida sedentaria. La sedentarización fue el punto de partida para el desarrollo de la agricultura a gran escala y la domesticación de flora y fauna (naturaleza). Chris Couch explica que las primeras ciudades planeadas surgieron en Mesopotamia, alrededor del año 5 mil a.e.c., otras civilizaciones se desarrollaron en el antiguo Egipto, Grecia, Roma, América y Asia. Siguiendo a Couch, las ciudades-Estado representaron una nueva forma de organización socioespacial que se caracterizó por la separación de los usos de tierra y de la ciudadela central, una morfología determinada por calles en retícula, y el uso de muros perimetrales a manera de protección.[4] Edward Soja, a su vez, argumenta que las primeras metrópolis se consolidaron gracias a la materialización del poder político, económico, militar y religioso, es decir, el centro cívico se configuró a partir de tipologías arquitectónicas de gran tamaño como, por ejemplo, templos, palacios gubernamentales y edificios destinados al comercio; y señala, además, que a partir de la ciudad-Estado se crearon instituciones para garantizar tanto la estabilidad de los asentamientos, como nuevas relaciones de producción basadas en la propiedad privada, la organización jerárquica de las clases sociales y el patriarcado como sistema dominante.[5] Desde el inicio, el *planning* sirvió como herramienta de control espacial.

La planeación temprana se puede encontrar en Atenas, capital urbana que se consolidó como centro del estado ateniense alrededor del año 600 a.e.c. Con el éxito que significó establecer la democracia como sistema político, la acrópolis de Atenas adquirió gran influencia en toda la región, sin embargo, para poner en práctica los principios democráticos fue necesario densificar la ciudad, así, desde la esfera gubernamental se aconsejó a los pobladores abandonar el campo y concentrarse en la acrópolis. Para concretar el proyecto democrático, se utilizaron distintas estrategias tales como recubrir con mármol los antiguos templos, desarrollar proyectos residenciales "masivos" (necesarios para albergar a los nuevos habitantes), y reconstruir la muralla perimetral como elemento de defensa. Se puede decir, así, que la revolución política de Atenas transformó la idea de ciudad –no obstante que, al final del siglo 4 a.e.c., la capital quedó sometida a las normas del imperio de Macedonia— ,así, la organización espacial de teatros, templos y monumentos que identificaron la ciudadela convirtieron a la acrópolis de Atenas en el símbolo de la utopía urbana.[6]

La transformación de Roma, de ciudad a poderoso imperio territorial[7], se sucedió gracias a la conquista de las zonas centrales y el área sur de Italia. Colin McEvedy señala que la clave del éxito del imperio romano fue haber logrado una estrecha relación entre movilidad y conectividad,y explica que se utilizó la infraestructura urbana —como caminos, puentes, carreteras y acueductos— para expandir el poder central romano, de modo que fueron los templos, foros imperiales, basílicas, anfiteatros, circos, teatros, baños y termas los elementos que configuraron el espacio público central y, al mismo tiempo, funcionaron como el principal productor de identidad romana.

Una de las tácticas usada para expandir el imperio fue la fundación de colonias, las cuales se organizaban a partir de dos ejes principales que dividían la ciudadela en cuadrantes, y sobre las calzadas se colocaba el comercio, para que el centro cívico de cada colonia fuera el punto de paso obligado. Otra estrategia de conquista fue la idea de ciudadanía romana, es decir, se convencía a los pueblos colonizados de que ahora que pertenecían al imperio, adquirirían derechos y, con ello, parte del poder del conquistador.[8] Las ciudades romanas estaban pavimentadas y tenían sistema de drenaje, además, estaban amuralladas y contaban con una red de calles principales divididas de acuerdo con el uso espacial, el cual podría ser militar, comercial o civil. Para hacer frente a la complejidad urbana que presentaban algunas colonias, los gobiernos romanos establecieron normas de desarrollo con el fin de mejorar las condiciones higiénicas y de seguridad. Así, a partir de normas urbanas de uso espacial, y gracias a la construcción de arquitectura monumental, el imperio romano se posicionó como el ideal de planificación urbana, en el cual la clase social alta se hospedaba en el área inmediata a la ciudadela (primer espacio), mientras que el resto de la población ocupaba la periferia (segundo espacio).[9]

En el nuevo continente, Cuicuilco es considerado uno de los primeros *altepetl*[10] localizados en el eje volcánico de Mesoamérica central. A raíz de la erupción del volcán Xitle, Cuicuilco fue abandonada y sus habitantes emigraron a otros puntos de la cuenca de México, así se fundó lo que hoy se conoce como Teotihuacán, que se traduce como "lugar donde los hombres se convierten en dioses"; el nombre se refiere al mito del Quinto Sol o Sol de los nahuas, y fue propuesto por los mexicas, quienes quedaron impresionados al descubrir las ruinas de la ciudad fundada durante los dos siglos inmediatos anteriores a la era común (e.c.). La traza urbana de Teotihuacán se planeó a partir de dos ejes perpendiculares: el eje norte-sur está constituido por la Calzada de los Muertos, mientras que el eje este-oeste es paralelo al cauce del río. En los orígenes de la ciudad, el centro urbano era representado por la Pirámide del Sol, luego la centralidad espacial fue trasladada al templo de Quetzalcóatl, localizado en la ciudadela.[11] Como todos los *alteplt*, Teotihuacán fue construida por etapas, en este caso, la vida de la ciudad duró cinco fases (Tzacualli, Miccaotli, Tlamimilolpa, Xolalpan y Metepec), las cuales se sucedieron del año 1 al 750 e.c. (fig. 2.1)

Durante la etapa Tzaqualli, se establecen las bases de planificación teotihucana: se diseñó la avenida principal y se modificó el cauce del río para lograr ejes perpendiculares, es decir, un territorio dividido en cuatro partes. Es en esta fase que comienza la construcción de la pirámide de la Luna. En el período conocido como Miccaotli, el centro es desplazado hacia el sur, transformando así la dinámica urbana. En esta etapa comienza la construcción del nuevo centro, y la antigua ciudadela se consolida como lugar sagrado al concluirse la segunda intervención de la pirámide de la Luna. En la fase Tlamimilolpa, la ciudad alcanza una población de 65,000 habitantes, por lo que se construyen los primeros proto-suburbios (conjuntos habitacionales) y se amplían los barrios ya existentes, además, se agrega infraestructura para la realización de actividades públicas. La edad de oro de Teotihuacán se vive durante la fase Xolalpan, cuando la intensificación del comercio provocó un aumento de población y con ello la expansión del territorio urbano. Durante la fase Metepec, la población de la gran urbe disminuye drásticamente, gran parte de la ciudad es básicamente abandonada. Las hipótesis sobre el final de Teotihuacán pueden dividirse en tres grupos: condiciones climáticas, problemas sociopolíticos y dificultades con los asentamientos vecinos.[12] Siguiendo a George Cowgill, la última configuración urbana presenta un centro deconstruido, en el extremo norte de la calzada de los muertos está la pirámide de la Luna y, al oriente, la del Sol; los templos principales estaban rodeados de pirámides pequeñas, plazas y habitaciones para sacerdotes. El segundo punto central, conocido como la Ciudadela, se encuentra al sur de la calzada principal. El lugar es definido por conjuntos habitacionales construidos alrededor de una plaza donde se encuentra el templo de Quetzalcóatl. La Ciudadela dividió Teotihuacán en cuatro cuadrantes. El crecimiento espacial de la ciudad se desarrolló siguiendo el plan de inicio (Calzada de Los Muertos), el estado teotihuacano se expandió a través del comercio, la invasión militar y los tratados políticos.[13]

En cuanto a lo sucedido en el viejo continente, Frances y Joseph Gies explican que a partir de la caída del imperio romano (476 e.c.), las ciudades europeas sufrieron un proceso de desurbanización, poco a poco los obispados ocuparon los centros de las colonias imperiales, facilitando la instalación de monasterios benedictinos,[14] los cuales atrajeron comerciantes, artesanos y granjeros. Con el incremento de la actividad urbana, tanto los nuevos asentamientos cristianos como las antiguas fortificaciones, anexaron a su territorio los campos agrícolas circundantes; fue así que las aldeas medievales adquirieron la categoría de ciudad. El feudalismo se convirtió en el sistema socioeconómico dominante: desde esta perspectiva todas las tierras pertenecían al soberano y el siguiente círculo de poder lo constituían los nobles y las autoridades eclesiásticas, quienes eran inquilinos del rey y subarrendaban lotes dentro de su propiedad, a su vez, los comerciantes consolidados poseían feudos menores, y habitaban los asentamientos de defensa, llamados burgos. Los feudos funcionaban como ciudades independientes, la división del territorio en distritos y la idea de comunidad nacional tienen su origen en esta organización espacial.

La ciudad del medioevo se desarrolla a partir del templo o catedral, alrededor del centro se construyeron castillos, casas, comercios, mercados, jardines, calle principal y corredores secundarios. El asentamiento es protegido por una muralla con accesos y torres de vigilancia. Asimismo, dicha ciudad se caracteriza por una alta densidad, y las casas de diferentes estratos sociales presentan fachadas similares, aunque se diferencian en el número de habitantes por vivienda; de este modo, mientras que las familias de escasos recursos se agrupan en una sola unidad, la familia burguesa ocupa los cuatro pisos del edificio promedio, y la vivienda de clase alta cuenta con comercio en el primer piso y cuartos de servicio localizados en el ático.[15]

    Siguiendo la cronología de Anthony E. J. Morris, el espacio de la ciudad medieval se puede organizar en cuatro tipos: de origen romano, burgos, asentamientos de crecimiento orgánico y ciudades planeadas o bastidas. Los primeros tres tipos de ciudad medieval responden a adaptaciones de traza urbana preexistente y crecimiento urbano informal u orgánico, mientras que el último tipo se construía

Fig. 2.1 Paisaje de la ciudad formalmente planeada: ejemplo en São Paulo, Brasil

a partir de una planta nueva, la cual consistía en una retícula ortogonal lotificada a partes iguales y rodeada de una muralla con foso; por lo general, las bastidas se construían en áreas rurales y de inicio contaban en la categoría de ciudad, en ellas, la geografía artificial estaba constituida por la vivienda colectiva y residencial de uso mixto, y los edificios públicos estaban representados por la iglesia, el ayuntamiento y el mercado. Durante los siglos 8 al 13, la forma de la ciudad islámica se sumó a la tipología de planeación urbana del medioevo: los preceptos religiosos dictados por el islam priorizan la familia nuclear y con ello el espacio privado o doméstico, así, la morfología urbana es determinada de abajo hacia arriba, se prescinde de edificios públicos (eje central de la tradición urbana europea), se le da importancia a la vivienda y a la utilidad de la ciudad, en la cual el centro urbano lo constituía la mezquita y el complejo comercial o mercado. La forma residencial, a su vez, protegía la intimidad del espacio interior. De esta manera, la fachada de los edificios carecía de ventanas, la comunicación con la ciudad (mundo exterior) se hacía a través de la puerta principal.[16]

Para la historia urbana occidental, el término Renacimiento se relaciona con la recuperación de formas y dinámicas de uso de las ciudades clásicas (Atenas y Roma). Morris señala que el *planning* de la época utilizaba cinco principios para el ordenamiento del espacio humano: muralla de seguridad, espacio público como nodo de convivencia (plazas), sistema de calles principales y secundarias, corredores comerciales, y zonas residenciales de traza ortogonal. Aclara, además, que a partir de estos cinco puntos se formaron patrones o planes para el diseño de nuevos asentamientos. La preocupación del urbanismo renacentista se centraba en morfologías simétricas y perspectivas espaciales, estas últimas logradas a partir de la posición estratégica de artefactos y monumentos arquitectónicos. De este modo, la armonía de las ciudades se construía a través de la repetición rítmica de fachadas principales. La teoría del planeamiento urbano surge en el siglo 15, comienza con las tesis de Alberti, en particular con su idea de la plaza central y la deconstrucción del espacio público mediante calles radiales. La ciudad del Renacimiento dio prioridad a la estética, la utilidad militar y la higiene. Así, los ejes principales debían ser anchos y rectos, y era necesario que los edificios recibieran suficiente cantidad de luz natural y aire. Como parte de las propuestas destacadas del *planning* renacentista también se pueden mencionar la ciudad ideal Sforzinda diseñada por Antonio Filarete: su plano consiste en un octágono limitado por una muralla circular, la *citadela* está constituida por una catedral, la casa del gobernador, y pequeños comercios y plazas; del centro de esta ciudad imaginada salen 16 calles conectadas por un anillo o circuito interior, y en la intersección de avenidas, Filarete propuso 16 plazas secundarias. El conocido arquitecto del renacimiento, Leonardo Da Vinci sirvió como asesor urbano de la ciudad de Milán, sus propuestas sobre planeamiento y reordenación espacial estaban orientadas a mejorar las condiciones de higiene de la ciudad. Su tesis principal se fundamentó en la disminución de la densidad mediante la construcción de nuevas ciudades con población máxima de 30,000 personas y 5,000 unidades habitacionales. Además de los ejemplos anteriores, Morris destaca las propuestas de planeación urbana hechas por Vicenzo Scamozzi: la ciudad de Palmanova se construyó a partir de una plaza-centro de forma hexagonal contenida en un polígono irregular de nueve lados; el autor explica que, siguiendo la tradición renacentista, Scamozzi utilizó un sistema de calles radiales, vías concéntricas y plazas secundarias como núcleo de los conjuntos de vivienda.[17] Finalmente, durante los siglos 16 y 17, es cuando surgen los primeros mapas geométricos de las ciudades europeas.

Ya en el imaginario cultural de Mesoamérica, la organización espacial de Tenochtitlan fue planeada a imagen del universo.[18] Huitzilopochtli fue el encargado de guiar al pueblo mexica hacia el lugar donde se fundaría la capital del imperio azteca; de acuerdo con el mito, las pistas de búsqueda más importantes tenían relación directa con las representaciones del dios de la guerra: el águila representa al Sol y la serpiente al enemigo. Eduardo Matos explica que la ciudad de Tenochtitlan fue construida en un islote sobre el lago y estaba atravesada por tres calzadas principales que llegaban a tierra firme; además, contaba con calles secundarias, acequias, canales y acueductos. México-Tenochtitlan tenía todas las características de un *altepetl* independiente, el espacio urbano se organizaba a partir de *calpullis* o barrios, y cada uno de ellos contaba con un área para cultivo de alimentos (chinampas). La ciudadela central hospedaba el Templo Mayor (que estaba dedicado a Huitzilopochtli y a Tlaloc), el juego de pelota, templos menores, palacios, casas para sacerdotes y nobles, y plaza principal o lugar de los altares. Siguiendo las primeras normas de planeación, la ciudad quedó dividida en cuatro barrios principales, los cuales contenían *calpullis* secundarios nombrados a partir del número de ídolos que ahí se adoraban; cerca del centro habitaban los nobles y sacerdotes. Las divisiones de los cuadrantes o calles principales estaban orientadas hacia los puntos cardinales (Norte, Sur, Este, Oeste).

Cuando la capital del imperio fue conquistada por Hernán Cortés, la transformación de la ciudad siguió los códigos de la norma Ovandina, es decir, la división del territorio conquistado en función de la continuidad nobiliaria de las familias españolas, por eso se crearon iglesias, conventos, hospitales, escuelas y una universidad, todo de acuerdo con la disposición de los Reyes de Castilla. Los conquistadores europeos establecieron las diferencias raciales como determinantes de las dinámicas urbanas. La nueva ciudad se planeó sobre la antigua capital del imperio; el material para la reconstrucción fue obtenido de las ruinas de los templos aztecas. Después del sitio de 1521, Cortés ordenó la edificación de la fortaleza de Las Atarazanas, una embarcación localizada en el lago y diseñada como punto de comunicación entre la naciente ciudad española y el mundo. El planeamiento urbano de Tenochtitlan resultó muy útil para los conquistadores, la metrópoli central quedó delimitada por un borde de agua, en ella sólo podían vivir ciudadanos europeos, mientras que los habitantes originales se reagruparon en barrios localizados fuera de la primera traza. La plaza mayor se convirtió en el espacio más importante de la vida novohispana, gracias a las disposiciones de Cortés, sus dimensiones rebasaban el tamaño de los espacios centrales renacentistas, característicos de las ciudades europeas.[19]

De la planificación en las modernidades europea y latinoamericana a los debates posmodernos

La planificación, entendida como disciplina de ordenamiento del espacio, comienza con la Revolución Industrial. El surgimiento de 'las máquinas' trae como consecuencia una redistribución territorial de la población y, frente a eso, la teoría urbana moderna surge para enfrentar los nuevos retos que presentan las ciudades industriales construidas a finales del siglo 19, por ejemplo: crecimiento desordenado, vivienda-módulo de baja calidad, densidad poblacional y aglomeración de edificios, también construcción de anillos concéntricos, falta de espacio público e infraestructura hidro-sanitaria, entre otros. Las normas para la organización de la dinámica urbana de las ciudades modernas se fundamentaron en dos principios, por un lado, los cánones higienistas establecidos para resolver problemas sanitarios y, por otro lado, las pautas técnico-espaciales surgidas a partir de nuevos canales de comunicación entre los asentamientos industriales, como ejemplo de conectividad se puede mencionar el ferrocarril y toda la infraestructura derivada. Las reglas de urbanización higienista permitieron entender el saneamiento de barrios a partir de la expropiación de tierras y reubicación de habitantes, de esta manera, el *planning* urbano se consolidó como una herramienta clave para el ejercicio del poder, a partir del desplazamiento inicial como estrategia de mejora urbana.[20] Edward Soja explica que el modelo de organización espacial de las primeras ciudades-Estado, cuya base era el sistema de producción, permaneció sin alteraciones importantes desde la ciudad de Ur[21] hasta las primeras manifestaciones de la industrialización (fig. 2.2). En este punto de la historia, el espacio urbano se expande, el uso de suelo se intensifica y entonces, el punto de partida de las planificaciones urbanas será el consumo.[22]

La reforma de la ciudad de París fue ordenada por Napoleón III y dirigida por Georges-Eugene Haussmann. La intervención urbanística se dividió en cinco fases: (1)

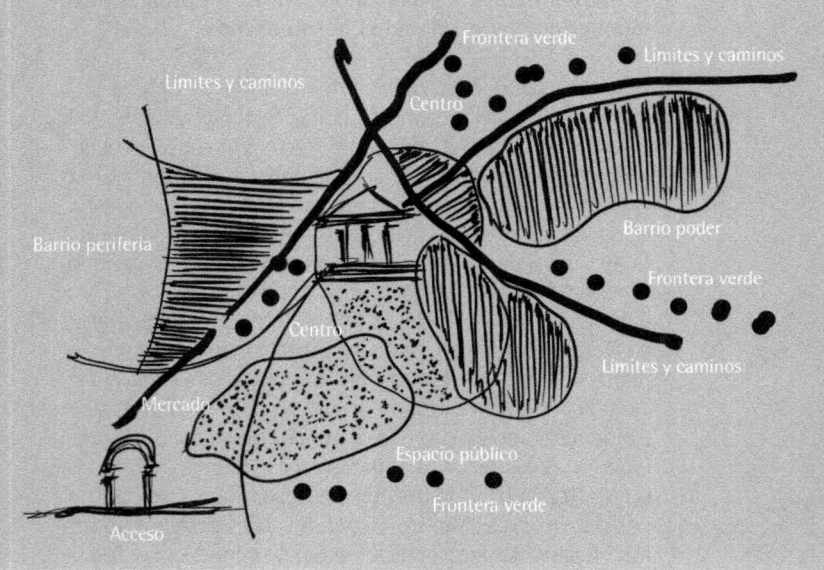

Fig. 2.2 Esquema de la ciudad
sedentaria: organización espacial
proto-moderna

construcción de nuevas calles y avenidas, cuyo objetivo era
cortar el antiguo centro medieval y, al mismo tiempo, anexar
terrenos periféricos a la traza urbana, además de conectar la
vialidad con las estaciones de ferrocarril, Haussmann utilizó
algunos monumentos arquitectónicos existentes como
nodos o hitos para articular las dos ciudades; (2) obra pública
como hospitales, bibliotecas, escuelas, oficinas, entre otros;
(3) viviendas para clases populares, parques y plazas como
espacio público (los conjuntos habitacionales serían administrados directamente por el Estado); y (5) creación de 20
distritos con funciones administrativas descentralizadas. Los
proyectos de transformación de la ciudad duraron 17 años,
por lo que en 1859 se creó la oficina del Plan de Paris, desde

este organismo se trabajaba continuamente en la actualización del "plan maestro".[23] A finales del siglo 19, y como parte de los proyectos de la urbanística moderna, Ebenezer Howard propuso un modelo de desurbanización fundamentado en la construcción de ciudades-jardín; de acuerdo con Howard, el proyecto permitiría enfrentar los retos urbanos derivados de las condiciones socioespaciales que caracterizaban las ciudades de la época. La propuesta pretendía detener el crecimiento de la mancha urbana de la ciudad de Londres, erradicar los tugurios y, simultáneamente, se buscaba reurbanizar el campo mediante la construcción de un nuevo tipo de asentamiento (rural-urbano).[24] La ciudad-jardín fue planeada como una zona híbrida autosuficiente, rodeada por cinturones agrícolas. Dicha organización espacial propuesta por Howard se desarrolla a partir de tres zonas o imanes, el área central estaba destinada para el comercio, lugares culturales y edificios de uso comunitario, había áreas destinadas para la industria, y zonas habitables para construcción de vivienda. La ciudad-jardín tenía un límite permitido de número de habitantes, y la administración dependía de la autoridad gubernamental.[25]

Durante el siglo 20, el sistema de planificación urbana se integró al aparato burocrático estatal; el *planning* se convirtió en actividad científica y evolucionó de estética funcional a disciplina socioeconómica. Según la teoría urbana que plantea la Escuela de Chicago, la vida citadina se explicó usando conceptos biológicos de competencia, selección, dominio, invasión y sucesión; desde esta perspectiva, la ciudad era un mosaico de universos sociales, organizado por grupos de características similares que compartían un hábitat, y cuya morfología resultante (espacio concéntrico, anillos de zonas de uso de suelo y áreas de transición) dictó una nueva manera de hacer y entender la ciudad.[26] La planificación moderna promovió el crecimiento de las ciudades y con ello la intensificación del uso mixto, y las nuevas tecnologías permitieron la invención del transporte motorizado, lo que resultó en la creación de nuevas áreas periféricas destinadas a la industria. Los primeros planes de ordenamiento espacial se desarrollaron desde políticas públicas, las cuales determinaban la infraestructura de comunicación, la zonificación del territorio de acuerdo con el tipo de actividades (industriales, comerciales o de habitación), la densidad conveniente y, finalmente, la disposición del espacio público.[27] Otros esquemas de planeamiento urbano propusieron la descentralización de las ciudades y la organización del territorio urbano por regiones, fue desde esta visión que el superbloque o cuadra se entendió como el punto de partida para todo diseño urbano. Además, la combinación de nuevos materiales y procesos de producción posibilitó la construcción masiva de viviendas, funcionales y eficientes. En las primeras décadas del siglo 20, el centro cívico resurge como pieza clave para la planeación de ciudades. Es en esta lógica que Le Corbusier propone la ciudad radiante, una adaptación al modelo de Howard, donde se combinaban rascacielos, conjuntos habitacionales, centros culturales y área verde. Como parte del proyecto urbano, el arquitecto francés integra el traslado en automóvil y diseña calles subterráneas para vehículos de carga; el uso peatonal sólo se da en los parques.[28]

Después de la Segunda Guerra Mundial, la reconstrucción de las ciudades se sucedió gracias a la planificación de uso de la tierra y los planes metropolitanos se hicieron frecuentes. Durante muchos años, la geografía positivista dominó la teoría de planeación urbana, construyendo una línea de pensamiento basada en el análisis de lo real y la recopilación de datos. Al final de la década de los sesenta, surgieron nuevas propuestas con una visión materialista de la sociedad, en las cuales el modo de producción se convirtió en la pieza clave de estudios sociales y planes urbanos. A partir de ellas, se descubrió que las ciudades contribuyen a la preservación del capitalismo, constituyéndose en las nuevas empresas del poder hegemónico.[29] Henri Lefebvre afirmaba la urbanización completa de la sociedad hacia 1970. Es Lefebvre también quien apunta que los procesos de industrialización y modernización desplazaron la producción agrícola, transformando así las formas y dinámicas urbanas hasta entonces conocidas, y explica este proceso de urbanización máxima usando un eje de desarrollo espacio-temporal que inicia con los territorios naturales (ausencia de grupos humanos), que posteriormente avanza hacia la ciudad política y mercantil. Esta reconceptualización del mundo agrario resultó en la ciudad industrial o capitalista y, con ello, la sociedad entró en una zona crítica de aumento descontrolado de la población urbana, abandono de zonas rurales, crecimiento horizontal del tejido urbanizado, subordinación total de los modos de producción precapitalistas, desigualdades económicas, surgimiento de zonas periféricas y suburbios, entre otras cuestiones. Lefebvre advierte que a partir de la industrialización lo urbano deja de ser la característica fundamental de las ciudades.[30] (fig. 2.3)

Las teorías de crítica radical pusieron sobre la mesa otros tipos de planeación, los cuales consideraban la importancia del lugar y la participación colectiva, como ejemplo de estos esfuerzos se pueden mencionar las propuestas de John F. Turner y Christopher Alexander. De acuerdo con Turner, la participación de los usuarios en la toma de decisiones resulta en un mayor bienestar social y una importante mejora de las condiciones urbanas. Mientras que Alexander propuso 253 patrones a modo de premisas de diseño colaborativo; las premisas fueron organizadas en tres grupos: ciudad o comunidad, edificios individuales, y métodos constructivos.[31] En la década de los ochenta, el *planning* se consolidó como el instrumento clave para legitimar tanto las acciones del capital como las del Estado. A través de la reglamentación del uso territorial, la planificación definió su identidad central en relación directa con el utilitarismo o razón instrumental. Con el paso de la fabricación en serie a modo de producción flexible, aparecen las megaciudades y, con ellas, la división del espacio social en espacio de los flujos, o virtuales, y el espacio de los lugares, o real-real. Luego, a finales del siglo 20 surgió la escuela de Los Ángeles, un movimiento urbano que abrazó la posmodernidad y propuso otro modelo de ciudad como unidad de análisis y punto de partida para intervenciones espaciales. Michael Dear define la condición urbana posmoderna en oposición a las prácticas de planeación de estructura racional, donde la humanidad es entendida como grupo de seres económicos: explica que la planeación moderna parte de la fabricación industrial (principios de centralización, burocratización y estandarización), mientras que la ciudad capitalista o moderna prioriza la razón instrumental, la utilización del método científico y la perspectiva antropocéntrica e híper-masculina. Dear argumenta que un enfoque posmoderno en la planeación permite reconocer la necesidad urgente de revisar cualquier práctica pasada, así, el *planning* posmoderno propone la intervención urbana de afuera hacia adentro, inversa a las concepciones tradicionales, es decir, modifica la morfología urbana a partir de la flexibilidad, la hibridación y la idea de ciudadanía como responsabilidad cívica.[32]

De acuerdo con Christian Schmid, el *planning* posmoderno promovió procesos de urbanización indirectos, es decir, la morfología de las ciudades quedó disuelta al depender del continuo crecimiento de la mancha urbana, y la centralidad se volvió omnipresente, esto gracias a la manipulación de redes de elementos e infraestructura, fronteras políticas y diferencias de todo tipo, de tal manera que la ciudad se transformó en una meta-idea virtual que se superpone a la realidad cotidiana. Schmid señala que la metrópolis contemporánea queda definida a partir de nuevos procesos de urbanización, los cuales reorganizan el territorio siguiendo un proceso dialéctico de centralización, y argumenta que la urbanización total desintegra las áreas rurales y le pone fin al desierto.[33] Mike Davis explica que los "planes" de la ciudad posmoderna tuvieron dificultades de aplicación práctica, la urbanización capitalista trajo consigo ciudades desiguales en donde las propuestas de desarrollo urbano fueron sobrepasadas por los retos socioespaciales establecidos por la urbanización planetaria. En este sentido, defiende que las ciudades neo-modernas son hiperdensas y, por eso, la centralidad fortalece su poder hegemónico en el ciberespacio y se deconstruye para tener multi-presencia territorial. El tejido periférico domina el paisaje, y la desigualdad espacial se convierte en la característica del nuevo orden urbano.

Davis señala que la proliferación de *slums* o favelas crea una nueva tipología espacial, donde los barrios marginales se fusionan con los asentamientos informales. En este sentido, y dentro del contexto suramericano, la urbanización y la *favelización* se convierten en sinónimos. De acuerdo con el autor, el subsidio de tierras periféricas y la falta de planificación marcaron los procesos de urbanización del mundo en desarrollo. Davis explica que los continuos procesos de *favelización* construyeron un borde urbano, el cual ha sido utilizado como basurero de la ciudad formal o planeada, ahí se hospeda a los inmigrantes y a los desplazados internos. Los megaslums resultan en ciudades periféricas interdependientes que provocan un análisis de los espacios creados al margen de la lógica de la planeación urbana. Davis explica que, a principios del siglo 19, la palabra *slum* significaba comercio ilegal o contrabando, más tarde se le relacionó con los asentamientos marginales o periféricos, durante la época victoriana los *slums* representaban el "lado oscuro de la ciudad" y se les identificaba con hacinamiento, viviendas informales, tugurios y zonas abandonadas o con ausencia de infraestructura hidrosanitaria.[34] Los *slums* se convirtieron en la franja-frontera que separa la ciudad de la "otra" ciudad (fig. 2.4).

Las "otras"ciudades y el contra-despojo: acciones políticas

Antes del desarrollo de los asentamientos sedentarios y de la ciudad formalmente planeada, los seres humanos eran nómadas, vivían en proto ciudades de organización espacial flexible. Al respecto, Paul Oliver explica que en la actualidad muchos pueblos originarios siguen prefiriendo este modo

Fig. 2.3 Ciudad-favela y geografía artificial: ejemplo localizado en Rio de Janeiro, Brasil

de "*planning*" espacial, el autor señala que los primeros registros de viviendas nómadas se sucedieron en el año 98 e.c., cuando los historiadores de la época se interesaron por los grupos "salvajes" de cazadores y recolectores. De acuerdo con las investigaciones de Oliver, los asentamientos nómadas se pueden organizar de acuerdo con las características geo-climáticas del sitio; así, el autor habla de las tribus nómadas del ártico y las del desierto. Oliver identifica ciertas características de los pueblos nómadas: el conocimiento del entorno y su capacidad para la construcción de mapas, los cuales utilizan como guía de movilidad territorial, también la conexión entre cuerpo y naturaleza, algunas tribus adquieren su nombre en correspondencia con el lugar que habitan, por ejemplo, por eso se habla de pueblos costeros, montañeses o tribus del bosque y, además, la mimetización con los modos de vida de ciertos animales, de esta manera se construyen albergues semipermanentes, siguiendo zonas de apareamiento y patrones de migración, por último, menciona aún la relación directa entre vestimenta y refugio y la utilización del sentido común para la transformación de la vivienda. Oliver destaca el sentido de comunidad de los pueblos nómadas, ya que muchas tribus organizan la ruta de migración respetando los patrones de los grupos "vecinos" y los grupos nómadas reparten las actividades de acuerdo con las necesidades emergentes, así, muchas mujeres también desarrollan actividades de caza y de construcción de la vivienda.[35] Continuando con los ejemplos de organización socioespacial nómada se puede mencionar la antigua región conocida como nación Chichimeca, la cual estuvo constituida por numerosas tribus que habitaron el norte de México hasta el siglo 16. De acuerdo con Philip Powell, el proceso de pacificación de los pueblos nómadas de Aridoamérica[36] duró cincuenta años, esto debido al modo de habitar el territorio: las principales tribus chichimecas eran polígamas y vivían en asentamientos móviles, sin dioses ni cementerios, por lo que las cenizas de los muertos cercanos formaban parte de la vestimenta cotidiana; las mujeres chichimecas participaban en la caza de animales pequeños; y el cuidado de los menores de la tribu era responsabilidad de todos los adultos.[37] Siguiendo la hipótesis de Soja, la que considera a los asentamientos de cazadores y recolectores como ciudades-origen;[38] podría pensarse que el tejido periférico representa la protociudad del siglo 21, es decir, zonas neo-nómadas de producción del futuro urbano.[39] Sin embargo, como ya se mencionó, los procesos de *favelización* siguen las características espaciales de la ciudad planeada, de esta manera, la construcción de lo urbano atiende una dinámica circular sin cuestionar los códigos del *planning* hegemónico o central.

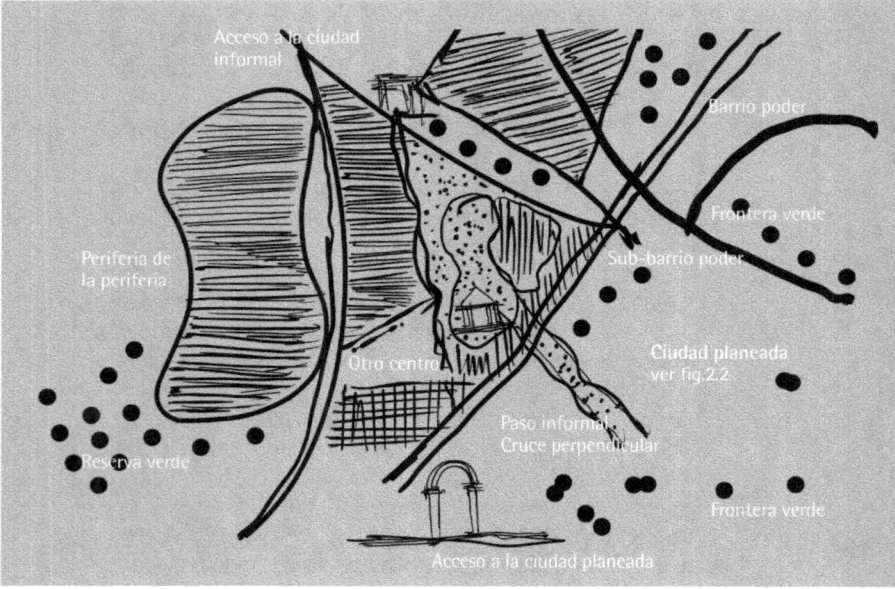

Fig. 2.4 Esquema de la ciudad informal: la periferia como *cittadella*

Con respecto a la "otra" ciudad, Janice Perlman señala que las representaciones negativas hechas sobre los habitantes de las favelas se traducen al espacio que los cuerpos marginados habitan, así, las favelas son pensadas como lugares de pobreza, criminalidad y prostitución. Perlman señala que al desvelarse la marginalidad como mito, y no como condición de las favelas, se logró un cambio gradual en la percepción de los pobres urbanos. Sus primeros estudios demostraron que los marginados formaban parte fundamental del sistema socioeconómico dominante, el cual soporta las dinámicas urbanas de las ciudades modernas, sin embargo, la autora aclara que dicha integración es desigual ya que aunque los resultados mostraron que las favelas eran asentamientos con una base comunitaria sólida, donde los habitantes se organizan para resolver problemas construyendo lugares cohesivos con cultura e instituciones propias, a pesar de ello, los habitantes de las favelas nunca han sido considerados ciudadanos de primera categoría. De acuerdo con Perlman las favelas brasileñas resuelven el problema de vivienda para millones de personas, de modo que el poder gubernamental se libera de su responsabilidad. La autora explica aun que el término marginalidad entró en desuso a partir de 1970, y que el enfoque de análisis sobre la pobreza urbana gradualmente fue cambiando hacia otros conceptos, de manera que los distintos aspectos de la marginalidad urbana tales como lo social, lo cultural, lo económico y lo político se reconocieron desde conceptos teóricos, por ejemplo, exclusión social, otredad, vulnerabilidad, falta de ciudadanía, y derecho al própio derecho. Siguiendo la tesis de Perlman, los habitantes de las favelas continúan atrapados en la idea de marginalidad avanzada, ya que las condiciones de pobreza prevalecen, por consiguiente, sus posibilidades de desarrollo y sustento quedan limitadas, lo que los lleva a tener que elegir entre trabajar para los grupos del crimen organizado o aceptar subempleos temporales y mal pagados. Este último punto es importante, pues Perlman argumenta que es el subempleo informal el que convierte a los habitantes de las favelas en ciudadanos desechables[40] y a las favelas en fronteras espaciales (fig. 2.5).

Siguiendo con el tema, Judith Butler y Athena Athanasiou explican que la desposesión significa la subordinación primera del cuerpo-sujeto ante los códigos socioculturales de reconocimiento. Si la idea de existir está directamente relacionada con procesos leves de sujeción, el despojo, como ideología de control normalizada, degrada a las personas y también vulnera a los seres humanos, en sus diversas formas: desplazamiento territorial forzado, la esclavitud del cuerpo, la pobreza, la construcción del "yo" biopolítico, la estigmatización, la violencia militar y económica, el sistema neoliberal, entre otros. Así, las autoras señalan que la desposesión puede entenderse desde dos sentidos, el primero se relaciona con el auto despojo, el cual se sucede a partir del contacto con otras personas, aquí el sujeto es "desplazado" de sí mismo por fuerzas externas y por códigos exteriores que viven en el interior de los seres humanos, siguiendo esta tesis, la desposesión define los cuerpos como seres sociales y apasionados, dependientes de contextos culturales que soportan y construyen al "yo" individual y colectivo. El segundo modo de desposesión está vinculado con el primero, es decir, con el despojo del ser, ya que los humanos, en cuanto cuerpos vivos, pueden ser privados de aquello que ostentan, por ejemplo, territorio, casa, alimento, seguridad, derechos y ciudadanía; de esta forma, toda vida humana, desde el inicio, se define fuera del cuerpo. Para Butler y Athanasiou, la interdependencia de las personas determina su vulnerabilidad con respecto a diferentes niveles de desposesión, y entender el despojo como metáfora teórica permitiría pensar el concepto fuera del sistema de propiedad. Además, las autoras señalan que alejar el análisis de epistemologías modernas y liberales representaría un intento de acción política significativa.[41]

La tesis de Butler y Athanasiou cuestiona la idea de las personas como propiedad privada, por medio de la deconstrucción crítica de la relación capitalista entre posesión, propiedad e individuo y, al mismo tiempo, su propuesta teórica rechaza la desposesión territorial. Para clarificar esta contradicción metodológica, las autoras explican que el despojo se refiere a la materialización-desmaterialización de los cuerpos a través de discursos sobre colonización, inmigración, sexualidad y género, consumo, asilo político, seguridad, esclavitud, interculturalidad, normas de uso espacial (*planning*), entre otros. Dentro del sistema capitalista neoliberal, el ser y el tener son considerados conceptos análogos que definen la identidad de las personas, en esta lógica, la desposesión trabaja como un instrumento de control de los cuerpos modernizados, en el cual el proceso de despojo incluye la apropiación de la subjetividad, la

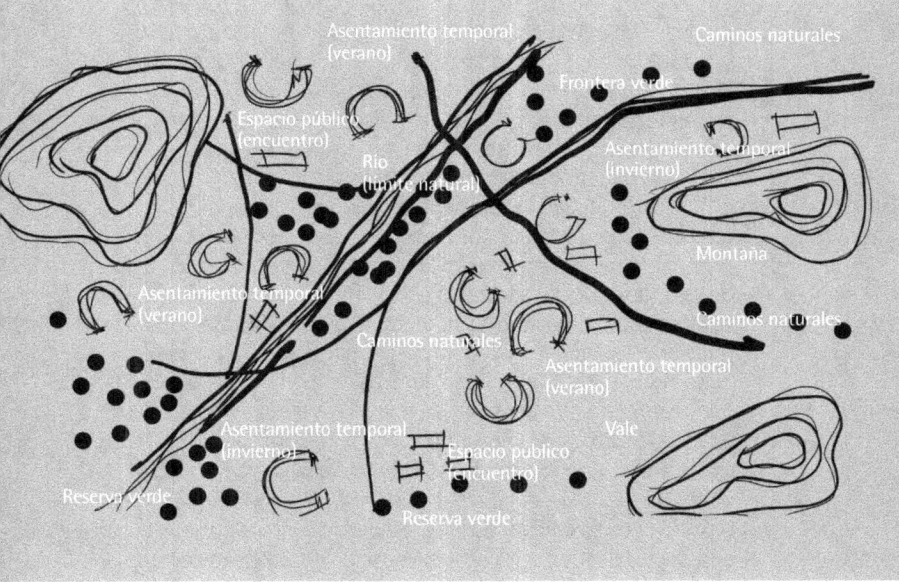

Fig. 2.5 Esquema del espacio nómada:
off-planning versión cero

espacialidad y el trabajo. Butler y Athanasiou señalan que si bien la presencia de un ser humano frente a otro puede ser considerado un acto crítico de desposesión, la autopresencia representaría la posibilidad de resignificación más allá de las normas que definen la idea de presencia. Sin embargo, las autoras advierten que la autopresencia, como constante reafirmación de los códigos socioculturales que posibilitan la presencia, podría conducir a un proceso inevitable de desubjetivación, de modo que reconocer la relación dialéctica entre presencia y ausencia sería la única forma que tienen los seres humanos de estar plenamente presentes. Siguiendo a Butler y Athanasiou, existe una vinculación directa entre la esencia del ser y el topos (lugar, territorio o cuerpo), y dicha vinculación, a la que Derrida[42] llamó ontopología, permite mapear el proceso de despojo y notar las subjetividades sub y meta humanas que la desposesión produce; lo humano entonces se define a partir de formar parte de un lugar y simultáneamente ser, en este sentido, la resistencia como acción política sería la reapropiación del cuerpo-sujeto, el cual es producto de matrices normativas.[43]

Pero ¿qué relación tiene cualquier acción política contra-despojo y la reapropiación espacial? De acuerdo con Lefebvre, el espacio de la escala humana puede ser entendido desde diferentes perspectivas, por ejemplo, para algunos pensadores el espacio era un hecho dado constituido por relaciones numéricas y proporciones, para otros, la realidad física del espacio era confusa, algo así como la nada, por lo que plantearon la necesidad de introducir ejes y un origen, en otras palabras, desde esta perspectiva el espacio sólo existe a partir de la ocupación. El autor explica que si bien la ocupación a través del cuerpo es necesaria para la producción de la espacialidad, esta no se sucede si no es por el despliegue de los cuerpos en el espacio, así, Lefebvre considera la ocupación-despliegue como la pieza clave que activa el proceso de espacialización. El cuerpo vivo se extiende en el espacio que ocupa, y al hacerlo construye territorios particulares, de modo inverso, los espacios resultantes reconfiguran el cuerpo. Siguiendo la propuesta del autor, el cuerpo, como producto-productor del espacio, representa la primera capa de la naturaleza, por lo que el espacio social no puede entenderse desde la representación adentro-afuera, sino como un fenómeno de creación continua, con límites flexibles. Lefebvre explica que las personas "jalan" el espacio, prolongando así sentidos, relaciones y energías corporales más allá de las fronteras de la materialidad visible. El espacio válido es definido a partir de gestos, y con eso se considera cualquier movimiento del cuerpo que cambie la percepción del espacio, además de indicios, o memorias de lo vivido, y marcas, las cuales son creadas a partir de la acción recíproca de huellas entre el lugar-cuerpo-mente. Las experiencias espaciales, sintetizadas en la triada de gestos, indicios y marcas, son anteriores a la imagen mental de cualquier espacio real, de modo que la inteligencia del cuerpo juega un papel fundamental en la producción de la espacialidad (fig. 2.6).[44]

Para Lefebvre la simetría, entendida como repetición, es la que permite el despliegue de los cuerpos y por lo tanto la producción de la diferencia espacial. El autor señala que la simetría-asimetría ocurre cuando un cuerpo se refleja en el objeto-espejo, o en otros cuerpos. Este proceso de duplicación conecta en lo profundo la forma, el reflejo y la imagen

Fig. 2.6 Relación cuerpo-territorio. Imagen de desposesión espacial. Rio de Janeiro, Brasil

resultante, creando un efecto donde lo que se repite es diferente al original. Las experiencias de cada cuerpo se transforman en flujos espaciales híper-vinculados, los cuales desvelan las múltiples dimensiones del espacio de la escala humana. Lefebvre explica que el espacio moderno o capitalista es absoluto, por lo que la acción política de los sujetos es manipulada, es de este modo que la relación espacio-naturaleza se fractura. El espacio de la sociedad se organiza a partir de dispositivos de producción (tipología arquitectónica y *planning* urbano) desde donde se dictan los códigos de uso espacial y se especifican actividades útiles o funcionales. El autor explica que, además del cuerpo, la geografía natural está constituida por montañas, ríos, lagos, grutas, cavernas, mares, bosques, llanuras, desiertos, estrellas, planetas, el sol y la luna, ya que el espacio social se construye en tres dimensiones a partir de referencias naturales estrechamente relacionadas con el tiempo. Sin embargo, Lefebvre argumenta que las representaciones abstractas de la ciudad están completamente separadas del proceso de despliegue de los cuerpos en el espacio, el centro del análisis de la espacialidad humana, es decir el cuerpo-sujeto, es desplazado y sustituido por la infraestructura arquitectónica, así, la materialidad del *planning* urbano borra los ritmos que conectan cuerpo, espacio y tiempo. El autor señala que el cuerpo como materia procede del espacio, y el espacio resulta del despliegue-ocupación de la corporeidad humana. La tesis de Lefebvre se fundamenta en afirmar que el cuerpo vivo sólo tiene sentido a partir de sus prolongaciones espaciales, y explica que la estrategia para el control político de los seres humanos comienza con el aislamiento (desposesión) de los cuerpos-sujetos. En la ciudad capitalista, el espacio (o ambiente construido) es el que produce un cuerpo social, negando la preexistencia del cuerpo-espacio.[45]

La idea generalizada es que el espacio se sucede a partir de la visualización-uso que las personas tienen del mismo, de esta manera, los artefactos arquitectónicos juegan un papel importante en la definición del espacio social.[46] El proceso de ocupación-despliegue es eliminado por las representaciones espaciales que se construyen desde el *planning* urbano, sin embargo, la reapropiación del espacio de la escala humana sólo es posible a partir del cuerpo. Entonces, para hablar de re-existencia espacial habría que entender el cuerpo-espacio como el medio que articula el ser y el "topos". La ocupación de los cuerpos hace posible la presencia (el "yo" biopolítico), mientras que la esencia del ser, es decir lo ausente, se manifiesta a partir del despliegue corpóreo (que es doble o continuo). La recuperación del "topos" primero (cuerpo-sujeto de acción política) permitiría un proceso abierto de neo-nomadización metafórica, un *off-planning* de dirección múltiple, opuesto a las normas de la ciudad patriarcal: sedentaria, colonial, moderna, capitalista y neoliberal.

Notes

1. COUCH, Chris. *Urban Planning. An Introduction*, p. 2-7.
2. DEAR, Michael. *The Postmodern Urban Condition*, p.117-119.
3. JACOBS, Jane. *The Death and life of Great American Cities*, p. 9-14.
4. Couch, Chris. Op. Cit., p. 11-13.
5. SOJA, Edward. *Postmetropolis, Critical Studies of Cities and Regions*, p. 21-26.
6. McEVEDY, Colin. *Cities of the Classical World*, p. 42-5.
7. Datos generales señalan el año 27 a.C. como la fecha de inicio del Imperio romano.
8. McEVEDY, Colin. Op. Cit., p. 308-315.
9. FLETCHER, Banister. *Historia de la Arquitectura 2. Europa y el Mediterráneo: de la Roma antigua al fin del Medievo*, p. 227-230.
10. *Altepetl* es una palabra náhuatl que se refiere a la organización territorial y política de una entidad: ciudad-estado.
11. MOCTEZUMA, Eduardo Matos. *Teotihuacan* (Fideicomiso Historia De Las Américas), p. 43.
12. COWGILL, George. *Ancient Teotihuacan: Early Urbanism in Central Mexico* (Case Studies in Early Societies), p. 38-41.
13. COWGILL, George. Op. Cit., p. 80-94.
14. Se refiere a los monasterios y templos de la orden religiosa de San Benito. Los monjes benedictinos fueron los encargados de evangelizar la mayor parte de Europa, sus conventos eran autónomos y regidos por un abad.
15. GIES, Frances Gies, GIES, Joseph. *Life in a Medieval City*, cap. 3 y 10.
16. MORRIS, A.E.J. *Historia de la forma urbana. Desde sus orígenes hasta la revolución industrial*, p.103-117.
17. MORRIS, A.E.J. Op. Cit., p. 185-203.
18. MOCTEZUMA, Eduardo Matos. Op. Cit., cap. IV y V.
19. MOLINA, Sandra; ROSAS, Alejandro. *Érase una vez México*, cap. 5 y 6.
20. BENÉVOLO, Leonardo. *Historia de la arquitectura moderna*, p. 65-83.
21. Ciudad localizada en la parte baja de Mesopotamia, conocida como la región de Sumeria. Se piensa que la ciudad de Ur albergó a las primeras civilizaciones.
22. SOJA, Edward. Op. Cit., p. 35.
23. BENÉVOLO, Leonardo. Op. Cit., p. 95-104.
24. COUCH, Chris. Op. Cit., p. 18-25.
25. JACOBS, Jane. Op. Cit., p. 22-26.
26. COUCH, Chris. Op. Cit., p. 32-44.

27 HALL, Peter. Cities of Tomorrow. An Intellectual History of Urban Planning and Design Since 1880, p. 388-393.
28 JACOBS, Jane. Op. Cit., p. 19-21.
29 HARDING, Alan; BIOKLAND, Talja, *Urban Theory: A critical introduction to power, cities and urbanism in the 21st century*, cap. 1 y 2.
30 LEFEBVRE, Henri. "From the City to Urban Society". Implosions/Explosions. Towards a Study of Planetary Urbanization. Editado por Neil Brenner, p. 36-45.
31 MALDONADO, Diana. Post-*Arquitectura*, p. 68.
32 DEAR, Michael. Op. Cit., p. 31-35.
33 Idem, Ibidem, p. 122-125.
34 SCHMID, Christian. "The Trouble with Henri: Urban research and the Theory of the Production of the Space". En *Urban Revolution Now. Henri Lefebvre in Social Research and Architecture*, Editado por Lukasz Stanek, Christian Schmid y Ákos Moravánszky, p. 9-11.
35 OLIVER, Paul. *Dwellings*, p. 22-33.
36 Aridoamérica es el nombre con el que se conoce a la región norte de Mesoamérica, De acuerdo con Paul Kirchhoff, Aridoamérica era habitada por grupos nómadas de cultura inferior.
37 POWELL, Philip Powell, *La Guerra Chichimeca (1550-1600)*, p. 48-50.
38 SOJA, Edward. Op. Cit., p.19.
39 LARA, Fernando; MALDONADO, Diana. "That Other Planning: Engaging the Peripheral Fabric of Latin American Cities". En *15th International Planning History Society Preceedings*, São Paulo, Brasil (2012).
40 PERLMAN, Janice. *Favela. Four Decades of Living on the Edge in Rio de Janeiro*, p. 147-165.
41 BUTLER, Judith; ATHANASIOU, Athena. *Dispossession: The performative in the political*, p.2-7.
42 Jaques Derrida fue un pensador francés, precursor de la filosofía posmoderna; sus principales aportaciones teóricas están relacionadas con el concepto de deconstrucción.
43 BUTLER, Judith; ATHANASIOU, Op. Cit., p.18-24.
44 LEFEBVRE, Henri. *La producción del espacio*, p. 217-225.
45 Idem, Ibidem, p. 228-238.
46 Idem, Ibidem, p. 243-250.

Capítulo 3

*Donde se descubre el universo de los segundos espacios,
se piensa en ficciones políticas de desventaja
y se propone el transespacio como efecto disruptivo.*

En *El Segundo Sexo*, Simone de Beauvoir explica la luchfa de las mujeres para ser reconocidas como sujetos. Señala que, desde el inicio, la organización espacio-social se ha entendido desde el punto de vista del hombre: según esta perspectiva, la diferencia entre los cuerpos humanos se estableció a partir de características biológicas y la fuerza física de los cuerpos masculinos ha sido considerada una ventaja importante sobre los cuerpos encargados de la reproducción de la especie. Para Beauvoir, el embarazo, el parto y la menstruación convirtieron a las mujeres en seres vulnerables por desposesión, y aún en esos términos biológicos, la mujer fue definida desde sus características "naturales" de reproducción y entendida como la contraparte de los hombres. Los procesos de sedentarización y el modo de vida agrario originaron el surgimiento de las instituciones de orden patriarcal, las cuales impusieron un sistema económico fundamentado en la propiedad privada; en este universo, la maternidad se convirtió en una función sagrada, que permitió el fortalecimiento de la tenencia territorial colectiva y hereditaria. La familia nuclear se constituyó como la pieza clave del sistema económico dominante ya que además de sus funciones reproductivas, las mujeres desarrollaron la industria doméstica a través de la fabricación de alfombras, mantas y vasijas de barro. Siguiendo la tesis de Beauvoir, la relación de correspondencia entre los sexos desde siempre fue ficticia o inequitativa, ya que al definirla como lo contrario al hombre, el cuerpo-mujer queda fuera del universo masculino, lo que hace imposible considerarla como semejante. Por otro lado, las mujeres serán consideradas artefactos de producción, reproducción y trueque.[1]

Beauvoir argumenta que las relaciones establecidas entre hombres definieron la estructura de la acción política, por lo que fueron ellos, pensados como sujetos únicos, los que determinaron códigos simbólicos, representaciones y normas de comportamiento. Desde la visión patriarcal, los cuerpos femeninos encarnan la "naturaleza", es siguiendo esta línea que el cuerpo femenino se asocia con el peligro, sosteniendo porque las mujeres pueden ser sometidas y explotadas. Beauvoir explica que las mujeres modernas empezaron a conquistar diferentes derechos, los cuales, aún con restricciones, permitieron construir subjetividades femeninas más allá del imaginario heteronormado. Sin embargo, la emancipación total fue entrampada por las condicionantes de los mismos derechos adquiridos en el inicio: la ausencia de autonomía económica, la consolidación de la doble jornada laboral (fábrica y el trabajo en casa), así como la falta de educación, fueron los aspectos que reinstalaron la correspondencia entre la idea de mujer y cuerpo-objeto dependiente. En la primera parte del libro mencionado, Beauvoir escribe la famosa frase *"No se nace mujer: se llega a serlo"*[2] con la que sintetiza su propuesta; no obstante, la estrecha vinculación que la autora hace entre el proceso de autodeterminación femenina y las relaciones definidas desde cuerpos masculinos, por un lado debilitan la tesis principal y, por el otro, fortalecen la jerarquía de los cuerpos.[3]

Siguiendo a Paul B. Preciado, la epistemología científica valida la diferencia sexual y con ello la construcción de existencia de cuerpos principales y cuerpos secundarios. El autor explica que el régimen de poder soberano se extiende hasta el siglo 18, basado en el poder absoluto que significa la administración de la violencia como tecnología clave de gobierno. La representación política de poder se traslada de la figura del rey a todo cuerpo masculino, por consiguiente, el cuerpo del padre (patriarca) materializa su poder en tipologías disciplinarias, que tendrían consecuencias graves en los siglos posteriores. Preciado explica que los aparatos que validan el régimen de violencia son religiosos y científicos; desde ellos, la mujer ha sido entendida como un cuerpo de anatomía deforme y, por lo tanto, secundario y dependiente.[4] Los cuerpos con útero encabezan la lista de los subordinados: el útero se convierte en un instrumento biopolítico y, así, el órgano que debería ser de orden privado es disputado por el poder hegemónico. A partir de la segunda mitad del siglo 20, diversos colectivos feministas han luchado por la descolonización del útero, y con ello han cuestionado el modelo de familia heterosexual y el Estado-nación como tipo dominante de organización socioespacial. Preciado propone una huelga de úteros que permita imaginar un mundo (espacio) donde las mujeres sean reconocidas como sujetos de acción política y no como cuerpos reproductivos.[5] Señala que las feministas del siglo 18 luchaban por la disminución de las técnicas de violencia ejercidas por el hombre blanco europeo, pues las primeras biopolíticas de control fueron administradas a través del colonialismo y la esclavitud. Los avances del movimiento de resistencia de los cuerpos secundarios lograron ciertas modificaciones en las prácticas comunes de opresión, sin embargo, el resultado final fue la redistribución de las tecnologías disciplinarias, así como la aparición de necropolíticas.[6]

Preciado señala que los discursos científicos de poder de aquella época inventaron nuevas ficciones políticas tales como la idea biológica de la raza y la estructura binaria de la naturaleza. A su vez, tal sistema patriarcal heteronormado entra en crisis cuando las mujeres feministas demandan la creación de sus propios saberes y, con ello, el acceso a las técnicas de gobierno (derecho al voto) y a los instrumentos encargados del control del cuerpo (sexualidad). A partir de la segunda mitad del siglo 20, el poder hegemónico pasa del Estado al capital global, y con eso, a los aparatos de verificación ya conocidos (dispositivos religiosos y científicos) se agregan los multimedia y el mercado financiero, lo que lo lleva a afirmar que la subjetividad sexual contemporánea es compleja y contradictoria, ya que se constituye de multicapas superpuestas que conectan diversas biopolíticas de control.[7] De acuerdo con Preciado, el género puede ser entendido como una técnica heteronormativa que, además de poseer cualidad performática, construye la materialidad de los cuerpos, de este modo, el género es al mismo tiempo artificial y orgánico. Los códigos sociales que definen lo masculino y lo femenino producen un sistema lingüístico que posibilita la restauración continua del género asignado, en esta lógica la determinación del género se logra a través de la híper repetición del conjunto de características que forman la idea de cuerpo-hombre, cuerpo-mujer. Así, la arquitectura y la ciudad representan un sistema tecnológico de políticas que organizan el comportamiento sexual de los cuerpos-sujeto: por medio de la tipología arquitectónica se clasifican prácticas espaciales que reforzarán el dominio patriarcal a través de los siglos (fig. 3.1). En este sentido, la casa unifamiliar (espacio íntimo) y la ciudad (espacio público) se convierten en el punto de partida para la producción de nuevas tecnologías al servicio del poder soberano.[8]

Respecto a la historia de la relación cuerpo y espacio, Sarah Pomeroy explica que las mujeres del mundo clásico fueron entendidas como cuerpos secundarios, por lo que vivían bajo la tutela de los hombres pertenecientes al círculo familiar. Incluso, señala que durante el siglo 6 a.e.c. se proclamó una ley para establecer la diferencia entre mujeres buenas y mujeres malas, o prostitutas, y aunque se prohibió la venta de esclavos, el patriarca mantuvo el derecho de vender a la mujer tutelada que perdiera la virginidad. Siguiendo a Pomeroy, la obligación primordial de las ciudadanas decentes era la producción de herederos legítimos, de modo que la vida urbana de las mujeres se restringía al interior del espacio doméstico, su trabajo se limitó al cuidado de hijos y esclavos, preparación de alimentos y confección de ropa.[9] De acuerdo con la autora, la urbanización de las ciudades griegas y romanas fue pensada para los cuerpos principales: los hombres eran educados, recibían entrenamiento militar y eran libres de participar en actividades políticas, mientras que las mujeres fueron confinadas a las habitaciones más alejadas de la calle y de las áreas públicas de la casa, por ejemplo, salas, vestíbulos y salones. Pomeroy señala que el confinamiento de las mujeres tenía como objetivo invisibilizarlas para evitar disputas públicas. Además, explica que el uso urbano de los cuerpos secundarios fue estrictamente vigilado, por lo que se establecieron políticas para el comportamiento adecuado de las mujeres en fiestas y funerales, así como códigos de vestimenta, límites de movilidad en el espacio público, y normas para la ingesta de alimentos y bebidas.[10] En la Roma de Augusto, el adulterio era considerado un delito sólo si era cometido por mujeres: las leyes de la época buscaban que los cuerpos con útero se mantuvieran en estado civil casado, por lo que se estableció una multa para todas las mujeres mayores de 20 años solteras y sin hijos. Aunque las romanas de clase social alta eran dueñas de propiedades y algunas estuvieron involucradas en movimientos político-religiosos, todas, ciudadanas libres y esclavas, carecían de otra educación diferente al desempeño de actividades domésticas, por lo que sus posibilidades de trabajo se limitaban a cocineras, enfermeras, trabajadoras de limpieza, mucamas, secretarias, peluqueras, artistas, parteras, masajistas o sexo servidoras. Pomeroy señala que la mujer clásica fue integrada a la sociedad en calidad de dependiente, sin ninguna capacidad de acción política.[11]

Siguiendo a Beauvoir, en el sistema feudal, la mujer primogénita es obligada a tener un tutor con capacidades socio-físicas para defender los bienes heredados, dentro de dichas propiedades quedan incluidos los cuerpos secundarios, los castillos y la tierra de trabajo.[12] Jaques Dalarun señala que la idea de mujer fue definida por los clérigos de la Alta Edad Media. La tesis religiosa estableció la culpabilidad de Eva sobre la expulsión de los seres humanos del paraíso divino, argumentando que las causas del castigo impuesto estaban relacionadas con la desobediencia y la locura extrema como características femeninas. Con eso, las mujeres fueron entendidas como seres despreciables y malignos, e identificadas como brujas. Sin embargo, ante la necesidad obvia de la conservación de la especie humana, los mismos religiosos que despreciaban a las mujeres, inventaron la figura de la Virgen María: el modelo mariano aparece en el siglo 12, su principal objetivo fue el fortalecimiento de la institución matrimonial, y con ello la santificación de las mujeres esposas a través de la maternidad y la oración.[13]

Claude Thomasset explica que, a lo largo de la historia, las representaciones de las mujeres han reafirmado su condición de dependencia con respecto al cuerpo masculino, o principal. Así, el conocimiento anatómico de los otros cuerpos se fundamentó en la correspondencia contrapuesta de los órganos reproductivos, resultando en la negación de todo ejercicio político a través del placer sexual.[14]

De acuerdo con Carla Casagrande, durante la Edad Media, las voces masculinas y religiosas definieron las normas de comportamiento de lo femenino y asignaron que los espacios permitidos para los cuerpos secundarios fueron la casa, la iglesia y los conventos. Casagrande explica

Fig. 3.1 Familia hetero-normada, signos como códigos de uso espacial: ejemplo en Santiago de Chile

que aunque algunas mujeres de la época participaron en distintas esferas sociales —tales como movimientos heréticos de resistencia, actividades agrícolas, religiosas y políticas, fabricación y comercialización de bienes, entre otros —, en todas las circunstancias, los cuerpos del segundo sexo se definieron a partir de la interpretación cotidiana de los roles asignados por el poder heteropatriarcal. El discurso de los monjes medievales priorizó el trabajo doméstico y de crianza, de esta manera, la reproducción de la especie se constituyó como la tarea-destino de las mujeres, por lo que la sexualidad femenina giraba en torno a la concepción.[15] Siguiendo a Casagrande, en la Edad Media, los otros cuerpos se reconocen en cuanto mujeres casadas, madres e hijas; a partir de aquí se establecen diferentes tipos de mujeres: religiosas, laicas, nobles, burguesas, solteras, sirvientas, mujeres pobres, vendedoras, tejedoras, molineras, mendicantes y prostitutas. La figura mariana compensó la de Eva, pero no la borró, esto resultó en la redefinición de un modelo de custodia para los cuerpos secundarios, la propuesta se fundamenta en la negación tanto del cuerpo como de la vida pública, así como la valorización del espacio privado y el alma: dentro de la casa las mujeres son guardadas como un bien precioso, pero también vigiladas como un peligro constante. La idea del espacio interior como lugar femenino propició la autocustodia de los cuerpos, la vergüenza alejó a las mujeres del espacio público (incluyendo ventas y puertas de la vivienda) y, con ello, se mantuvo la preservación de la castidad.

La autovigilancia femenina fue supervisada por padres, consortes, hermanos, religiosos y consejeros espirituales. El correlato del imaginario masculino/femenino tuvo su expresión espacial en la contraposición ciudad/casa; de ahí la naturalización de las actividades económicas de los sexos, en el cual el hombre produce y la mujer cuida los bienes (donde queda incluida ella misma).[16] De los siglos 16 al 18, se establecieron nuevas reglas de comportamiento social ligadas directamente con la castidad del cuerpo: Sara Matthews explica que las mujeres se convirtieron en las primeras víctimas de la nueva moralidad, y en las causantes de su incumplimiento. Los cuerpos con útero (o feminizados) fueron acusados de propagar enfermedades físicas y mentales y la buena conducta sexual se limitó al acto conyugal al servicio de la procreación: fue así que se cerraron burdeles y las prostitutas se convirtieron en uno de los grupos criminales más peligrosos de la época. Matthews señala que, durante el primer período moderno, los otros cuerpos se entendieron como aprendices de la especie humana, ratificando la definición de las mujeres a partir de su relación con los hombres.[17] Siguiendo a Olwen Hufton, el matrimonio de las mujeres burguesas representaba el negocio más importante de la familia; y, aunque a las mujeres de clase socioeconómica baja se les exigía trabajar, sin importar su estado civil, ningún cuerpo secundario era totalmente independiente, también porque los empleadores consideraban como normal que el salario femenino fuera casi simbólico.[18] Beauvoir explica que las mujeres del Renacimiento eran poco educadas, por lo que a pesar de encontrar cuerpos secundarios que destacaron en la esfera social de la época, ninguna mujer tuvo participación real en la construcción de aquel mundo.[19]

De acuerdo con Susan Socolow, la historia de las mujeres del continente americano se construyó a partir de la revisión de códices, monolitos y pinturas, por lo que la mayoría de la información obtenida se refería a las mujeres de la élite prehispánica. La autora señala que algunas mujeres mesoamericanas fueron pieza clave en alianzas políticas mediante la creación de dinastías de la realeza y, a través de acuerdos matrimoniales, llegaron a gobernar ciudades capitales. En cuanto al resto de los cuerpos femeninos, Socolow sigue los datos de Teotihuacán y concluye que las mujeres pertenecientes a las clases pobres se ocuparon, en un principio, de la fabricación de artefactos de tierra, es decir, de la cerámica. Sin embargo, cuando la producción de figurillas se industrializó, las ganancias aumentaron y el oficio se volvió una pieza importante en la economía de las ciudades-Estado. De esta manera, las mujeres fueron sustituidas por los hombres y desplazadas al trabajo doméstico y de reproducción. La autora argumenta que la jerarquización de los cuerpos se desvela también a partir de las costumbres funerarias: los hombres eran enterrados con objetos valiosos, mientras que en las tumbas de las mujeres se encontraron escasos artefactos de valor. Esto evidencia el rango social de los cuerpos masculinos. La participación de los cuerpos femeninos en las actividades sociopolíticas fue mermando, debido a las conquistas internas de los imperios mesoamericanos más importantes, por ejemplo, el imperio Azteca y el Inca. Socolow explica que todas las culturas prehispánicas comparten normas generales de comportamiento binario, por lo que el patriarca era el encargado de la selección de marido para las mujeres de la familia; además, dentro de la cultura azteca, la virginidad de los cuerpos femeninos jóvenes era una cuestión importante, entonces eran constantemente vigiladas.[20]

En algunas culturas prehispánicas, se permitían las relaciones sexuales prematrimoniales y el divorcio, incluso a los hombres que pertenecían a la nobleza y a las casas imperiales se les consentía la práctica de la poligamia, mientras que a las mujeres de cualquier clase social se les exigía ser monógamas, el adulterio de los cuerpos femeninos era castigado con la muerte, lo mismo que el aborto y la homosexualidad. Siguiendo a Socolow, las mujeres del mundo preconquistado no eran consideradas dueñas de la tierra ni de la vivienda, y sólo podían recibir y heredar los objetos propios de su género, es decir, vestimentas, adornos, animales domésticos y los muebles de la casa. Los cuerpos femeninos eran los encargados de las actividades de cuidado y crianza de los hijos, administración y limpieza del hogar, también se dedicaban a hilar, tejer y a la siembra de alimentos. La autora señala que el trabajo femenino fuera del hogar, como atención de partos, ceremonias religiosas o prostitución, siempre era controlado por el sexo masculino. La participación de las mujeres en el mundo de los hombres (religión, administración urbana, esfera política y actividades militares) era muy limitada. Socolow argumenta que la definición de los roles de género era considerada una pieza clave para el funcionamiento de las sociedades precoloniales: los cuerpos femeninos suramericanos del siglo 15 vivían un mundo desigual donde el cuerpo masculino ocupaba el primer lugar de la jerarquía social, lo cual se reflejó en la separación tajante del espacio público y privado, y la consecuente confinación de las mujeres a la casa y a las actividades de servicio-reproducción.[21]

Dominique Godineau explica que durante los siglos 18 y 19 la situación de los cuerpos secundarios del viejo continente parecía haber cambiado, muchas mujeres tuvieron acción política en movimientos europeos importantes y, por lo tanto, presencia en el espacio público. Sin embargo, las reglas de las revoluciones de aquella época fueron hechas por los hombres y los espacios resultantes existieron sólo para los cuerpos principales. Siguiendo a Godineau, las mujeres eran consideradas no-ciudadanas, de esta manera su participación en las asambleas políticas quedó limitada a la tribuna. Luego, se vieron obligadas a inventar un espacio-frontera: el salón, el cual estaba localizado dentro de lo privado (la casa) y clasificado como parte del espacio público (la ciudad); los salones se convirtieron en espacios "sem¨", donde algunos de los otros cuerpos se reconstruyeron socialmente. Con respecto a la situación de las mujeres norteamericanas, la autora señala que los cuerpos secundarios no formaban parte de la vida de la ciudad, la tarea principal de aquellos cuerpos subordinados era garantizar el funcionamiento de las tierras y empresas familiares, las cuales habían sido abandonadas por los hombres debido a la guerra. Godineau agrega que el espacio de afirmación de las mujeres norteamericanas estaba custodiado por la religión; así, la socialización femenina giró en torno al hilado, a las plegarias y a los cantos. En este sentido, es en el espacio privado donde se radicó el verdadero compromiso, la mujer republicana puso la maternidad al servicio de la familia y la patria.

Los grupos femeninos religiosos sembraron las bases para los movimientos de resistencia surgidos en la posguerra.[22]

Durante el siglo 19, se plantea la situación jurídica del matrimonio. El punto de partida fue la discusión del derecho de la mujer en tanto sujeto libre o dependiente. Genevieve Fraisse señala que, como resultado de estas reflexiones, los pensadores de la época establecieron diferentes definiciones de matrimonio: por un lado, se le consideró la unión ideal, ya que permitía establecer un contrato de las relaciones entre los cuerpos; bajo este marco jurídico, los intercambios sexuales estarían normados por acuerdos legales; por otro lado, el matrimonio también se definió como un proceso moral que posibilitó a los cuerpos evolucionar de naturales a espirituales, aquí el acuerdo se fundamentó en la idea del amor de pareja. En todas las concepciones de matrimonio, el hombre es reconocido como sujeto legal, mientras que la mujer tiene una posición subordinada. De este modo, el papel de los cuerpos secundarios consistió en abandonar toda agencia política, ya que el matrimonio-familia se entendía como una asociación que daba legibilidad y legitimidad a los cuerpos dependientes.[23]

En la Rusia del siglo 19, los escritos de Karl Marx y Friedrich Engels hablan del matrimonio por grupos, lo cual es considerado por los autores como una forma elevada de organización social, donde las relaciones entre hombres y mujeres se fundamentaban tanto en la poligamia como en la poliandria. El comunismo clásico propuso sacar a los cuerpos secundarios del espacio-casa con el propósito de redefinir a las mujeres más allá de su función reproductora. Marx y Engels criticaron el concepto de familia patriarcal por considerarla un micro ejemplo de explotación, esto a partir de la relación amo-esclavo. Si bien el comunismo clásico apostó por la idea de mujer trabajadora, o ciudadana activa, como punto de inicio en el proceso de autonomía de los otros cuerpos, las ideas marxistas validaron la doble jornada de trabajo sin cuestionar la superexplotación de los cuerpos secundarios.[24] En aquella época también existían corrientes filosóficas conservadoras, que insistieron en naturalizar la idea de las mujeres como cuerpos-mercancía, así se reforzó la relación entre familia hetero-normada y sociedad capitalista, entre casa (mujer) y ciudad (hombre). El matrimonio conyugal sella el patriarcado como organización social y permite al jefe de familia heredar los bienes acumulados.[25]

En el siglo 19, surge el concepto de la 'nueva Eva', definida desde el poder heterocentrado como una mujer diferente que busca independencia y participación política. Sin embargo, las mujeres revolucionarias de aquel periodo presentaban signos de continuidad de la figura mariana, por lo que la mayoría de las feministas de la época arrastraban el modelo tradicional de significación, es decir, que su reconocimiento como mujeres existía en tanto fueran casadas y madres de familia. Siguiendo a Fraisse, el correlato de la nueva Eva difundió la idea de la compatibilidad obligada entre maternidad y trabajo físico e intelectual; así se dejó de lado la discusión sobre la participación masculina en el trabajo doméstico y cuidado de los hijos. En los discursos neomarianos, se borra la autonomía de los cuerpos subordinados, lo que conduce a que sean las propias mujeres las que se autodefinan como el complemento femenino de los masculino, sellando así su dependencia. La autora explica que, sin darse cuenta, las feministas de la primera ola defendieron la doble jornada de trabajo por la mitad de salario. La presencia de la mujer en el espacio público no significó un avance en el proceso de subjetivación de los cuerpos secundarios, ya que dentro de la casa cumplían funciones reproductoras y de cuidado (trabajo gratis), mientras que fuera de ella se convirtieron en cuerpos consumidores y de consumo, por lo que su acción política fue limitada, casi un espejismo.[26] Las teorías freudianas de finales del siglo 19 ya reconocieron, en parte, la subjetividad de los cuerpos femeninos, sin embargo, difundieron la idea de que el destino de las mujeres estaba irremediablemente encadenado a la anatomía de su sexo, que era definida desde el cuerpo-norma (fig. 3.2).[27]

Fig. 2.6 Relación cuerpo-territorio. Imagen de desposesión espacial. Rio de Janeiro, Brasil

Françoise Thébaud explica que, con el inicio del siglo 20, las representaciones convencionales de los cuerpos femeninos fueron desafiadas tanto por la emancipación de las mujeres, como por el cambio obligado de los roles establecidos, lo anterior ocasionó que desde la esfera científica se denunciaran los efectos adversos de la "masculinización" de los otros cuerpos, por ejemplo, la promiscuidad sexual y el desinterés en la reproducción o maternidad. De acuerdo con Thébaud, la Primera Guerra Mundial reestructuró las jerarquías laborales: la sustitución del empleo se hizo considerando aspectos raciales y de etnia, así, las mujeres blancas relevaron a los hombres blancos, mientras que las mujeres de color ocuparon las vacantes que dejaron las mujeres blancas, además desarrollaron trabajos pesados destinados a cuerpos masculinos de inferior categoría. El período que duró la guerra no fue suficiente para invertir roles y actividades de género, por lo que se fortaleció la idea de las mujeres como empleadas auxiliares, siendo marginadas de la nueva clase obrera. La autora señala que uno de los beneficios del sistema laboral emergente fue la reorganización de los otros cuerpos a partir de la solidaridad y la empatía. Sin embargo, durante las primeras décadas del siglo 20 se endureció el discurso que definía a los cuerpos a partir de la diferencia sexual: las mujeres fueron entendidas como madres o prostitutas, la infidelidad de las esposas se castigó con sanciones económicas y prisión y, como parte de las estrategias de control, se practicaron rigurosos exámenes médicos a las mujeres prostitutas. Thébaud explica que la promesa del voto femenino se utilizó para frenar revueltas sociales y reestructurar gobiernos democráticos, esto tras la caída del régimen imperial. Sin embargo, señala que en tiempos de guerra el Estado funciona como "jefe de familia", por lo que la aplicación de leyes fue desigual, mientras que los hombres obtuvieron el derecho universal al voto, millones de mujeres quedaron excluidas. En algunos países el sufragio femenino estuvo condicionado a la edad de treinta años.[28]

Por otro lado, Nancy F. Cott señala que, después de la segunda década del siglo 20, la expresión de la sexualidad fue el punto de partida para la validación de una nueva idea de matrimonio, los científicos de la época defendieron la vida familiar heteronormada, al considerarla el escenario ideal para la experiencia de la sexualidad y la intimidad, así, los anticonceptivos eran promovidos por las instituciones de salud, y el matrimonio (y la reproducción) se restituyó como punto de partida para el reconocimiento de los cuerpos secundarios. Siguiendo a Cott, el discurso moderno de la sexualidad tenía como propósito fortalecer la nueva economía de las ciudades industriales, la producción a gran escala, y el consecuente consumo, resultando aún en la homogenización de las actividades de la vida urbana. Luego, la casa se convirtió en el tema principal de todas las investigaciones socioeconómicas. La consecuencia de la triada crecimiento urbano, producción masiva y consumo capitalista fue la invención de numerosos aparatos para mejorar las condiciones del trabajo doméstico, por ejemplo, la estufa de gas, las planchas eléctricas, comida enlatada o precocida, entre otros. Cott señala que si bien los nuevos inventos incrementaron la comodidad y la funcionalidad del trabajo doméstico, las mujeres esposas tuvieron que emplear su tiempo libre en tareas de cuidado y administración de recursos para el mantenimiento de la casa: el trabajo no remunerado completó la triple jornada laboral. La representación femenina de la mujer heterosexual y esposa-trabajadora productiva, o ama de casa, llegó a ser defendida como una opción de libertad y realización.[29]

El espacio del género: reflexiones queer y decoloniales

Sobre la jerarquización de los cuerpos, Luce Irigaray explica que la representación que establece a la mujer como lo opuesto del hombre constituye una trampa, ya que existe otro femenino que define lo que queda afuera de la visión *falocéntrica*. La autora sostiene que las mujeres, en tanto cuerpos periféricos, no pueden ser representadas, lo que las convierte en identidades contradictorias, a partir de una argumentación en que lo que está fuera del hombre, lo otro que es, no es un sexo único, sino algo múltiple. Irigaray señala que hombre-mujer son conceptos masculinos que excluyen lo femenino para ocuparlo, este proceso de borrado y sustitución se usa como una estrategia para sostener una economía *falogocentrista*. La autora agrega que las teorías filosóficas, desde Platón hasta Sartre, definían al sujeto a partir de la separación entre cuerpo y mente (alma), así se perpetuaron las relaciones de dependencia entre los cuerpos (diferencia sexual). Ya el afuera de Irigaray se contrapone a la noción de "la falta de", en ese sentido, los invisibles otros desvelan que lo excluido puede tener una existencia independiente a aquello que se proclama como el centro u origen (hombre). La mujer construida a partir de los reflejos del espejo patriarcal representa un falso afuera, ya que dicha reflexión no es otra cosa que la marca de significaciones masculinas. Irigaray señala que el uso de la palabra "mujer" constituye una destitución violenta de toda subjetividad: el efecto de las reflexiones del espejo se convierte en la guía de autodefinición de los cuerpos secundarios, y así lo femenino es sustituido por su propia representación.[30]

Irigaray explica que es el proceso de mimética el que visibiliza muchas otras imágenes de lo femenino. La autora utiliza el lenguaje a dos voces para ejemplificar dicho proceso: la primera voz representa al padre filosófico (el saber), mientras que la segunda es la voz de la propia Irigaray (el afuera del adentro). La mimética permite que el receptáculo hable, y al hacerlo, se invierte el proceso de borrado y sustitución, demostrando que el centro fálico puede ser ocupado. La imitación constituye un acto disruptivo que cruza y entrecruza todos los reflejos especulares. De acuerdo con la propuesta de Irigaray, la repetición de los códigos de significado es lo que transforma la nada en la sustancia; lo invisible se hace visible a partir de la exageración de cada gesto nombrado como femenino. El entrecruce de reflexiones constituye un acto de insubordinación, el cual utiliza las propias normas del sistema heteropatriarcal. La autora señala aún que la hiperconexión de las imágenes especulares permite interrumpir la repetición normativa del sistema falocéntrico, así el juego de mimética se convierte en una herramienta de reapropiación espacio-corporal, el falso afuera se vuelve a "presentar" con la misma forma que le fue asignada (mujer), sin embargo, poco a poco transforma la máscara y aparece otra cosa completamente distinta,[31] la identidad femenina resultante se fundamenta en la multiplicidad del sexo. Dicha reafirmación de lo múltiple constituye la clave para romper el sistema binario,[32] de modo que el afuera de Irigarary es un espacio femenino abierto y flexible.

Siguiendo la propuesta de Judith Butler, el género es un acto performático. El género se define como el conjunto de cualidades que posibilitan la inteligibilidad de los cuerpos. Butler explica que el binario categórico hombre/mujer es construido cotidianamente a partir de la utilización de palabras-instrucciones, que funcionan como activadores de los códigos de significación hetero patriarcal. Sin embargo, durante el performance o proceso mimético aparecen nuevas identidades (espacios intermedios) que ponen en duda las categorías "origen". El performance del género descubre que el sexo también es una fabricación social, y no una característica natural de los cuerpos. Para Butler, la triada sexo-género-nombre tiene como objetivo principal la producción de sujetos masculinos o femeninos, y esto se sucede a través de la anticipación de las representaciones normadas. Sin embargo, existen gestos subversivos que desvelan la cualidad ilusoria de las categorías binarias, las cuales son consideradas, desde la diferencia sexual, como características internas de los cuerpos.[33] El efecto sorpresa de la performatividad constituye la agencia política de los otros cuerpos, ya que el performance de género encierra en sí mismo tanto imposiciones como alternativas de identificación. La incertidumbre con respecto a las categorías naturalizadas representa la experiencia de los cuerpos puestos en duda, de modo que

las identidades de género aparecen como realidades flexibles y cambiantes. Butler argumenta que las disrupciones al sistema de asignación hetero patriarcal ocurren dentro de los discursos hegemónicos, sin embargo, la autora aclara que el lenguaje estructural no determina la configuración sustancial de los otros cuerpos, ya que el proceso performático, donde se combinan el performance y el efecto, posibilita que los sujetos invisibilizados se presenten como cuerpos reales.
El performance de género desestabiliza los elementos que conforman el relato de la heterosexualidad obligatoria, lo que sucede gracias a la "draguerización"[34] de lo natural-artificial y lo interior-exterior. El efecto performativo es herramienta clave para la inversión revolucionaria de los significados corporales y, de acuerdo con la autora, la disrupción de la triada del género es fundamental, debido a que la naturalización de los cuerpos no sólo trata preferencias sexuales, también incluye particularidades étnicas, raciales, geográficas y de clase.[35]

En el mismo tono, Preciado explica que a partir de la epistemología de la diferencia sexual los cuerpos son sometidos a diferentes ficciones políticas, por ejemplo: hombre/mujer, heterosexual/lesbiana, blanco/amerindio, entre otros. Cualquier proceso de socialización ocurre a partir de categorías naturalizadas y, de esta manera, el espacio de la escala humana es el resultado del performance de ficciones políticas. Siguiendo a Preciado, la frontera es la línea que separa y dibuja dichas representaciones, y más: el cruce de una ficción a otra genera espacios, por lo tanto, es el cruce el que define tanto el cuerpo como a su prolongación espacial. Para Preciado los cuerpos subordinados son aquellos a los que se les niega la acción política y sólo son reconocidos en cuanto a su función productiva y reproductiva. Se puede decir que los cuerpos secundarios se definen como cuerpos-frontera a través de la asignación-representación de ficciones políticas de desventaja (mujer, femenino, mestiza, amerindia, cobriza, etcétera). Los espacios creados desde las ficciones políticas de desventaja determinan geoespacios del segundo orden;[36]

mientras que el gesto subversivo *butleriano* desvela singularidades espaciales (fig. 3.3).

De acuerdo con Adriana Guzmán y Julieta Paredes, el feminismo comunitario antipatriarcal — conjunto de luchas, rebeldías y propuestas hechas por cualquier mujer, desde cualquier territorio y época — es una teoría social mediante la cual es posible tejer alternativas para un mundo mejor, sin embargo, aclaran que para formar parte del feminismo comunitario, es necesario que dichas acciones tengan como objetivo principal el desmantelamiento del patriarcado. Guzmán explica que las teorías que han alimentado las luchas tanto de los pueblos originarios como de las personas oprimidas nunca han considerado las realidades vividas de los cuerpos femeninos, y cuestiona las tres teorías que se han mostrado como únicas alternativas ideológicas de los movimientos sociales desarrollados en América Latina: el marxismo, el cristianismo y el indigenismo.[37]

Siguiendo a Guzmán, el principal problema de la humanidad para el marxismo es causado por la jerarquización y la polarización de clases socioeconómicas, es decir, la explotación extrema de los pobres a manos de los dueños de los medios de producción y de las ganancias. Para los marxistas, el camino para acabar con la opresión es la lucha de clases y la promesa es un mundo sin explotación, sin embargo, la autora señala que el comunismo nunca explicó cómo iba ser la vida de las mujeres en la nueva realidad. Para el cristianismo, por otro lado, el gran problema de los seres humanos es el pecado de la carne, cuya causa es atribuida a los cuerpos femeninos. Los cristianos proponen una vida de expiación, austeridad y sacrificio, y sólo de esta manera se logra el acceso al paraíso. Por último, Guzmán explica el indigenismo, entendido como una teoría social relacionada con posturas poscoloniales y decoloniales. Dicha teoría considera que el origen de los problemas del sur-continente fue la conquista española, y que para acabar con todos los males hay que decolonizar las prácticas. De acuerdo con esta teoría, el mundo "nuevo" se construye recuperando la vida de las comunidades antes de la colonización. Sin embargo, la autora señala que los procesos de decolonización convencionales desconocen las discriminaciones y violencias que sufrían las mujeres en ese mundo idealizado.[38]

Guzmán explica que si bien es cierto que los feminismos occidentales proponen acabar con el patriarcado, existen ciertas diferencias entre el feminismo universal y el comunitario: mientras que las teorías feministas eurocéntricas se organizan en tres etapas con propósitos específicos —la primera ola se caracteriza por la búsqueda de igualdad y educación, la segunda por la lucha del voto femenino y la tercera etapa es determinada por la exigencia de derechos civiles, reproductivos y de acción política—, en cambio, el feminismo comunitario antipatriarcal se construye desde el cuerpo y la memoria de las mujeres originarias que habitan

Fig. 3.3 La recámara como espacio de reproducción a la espera del gesto disruptivo. Londres, Inglaterra.

el sur-continente. Siguiendo a Guzmán, las operaciones de "caza de brujas" y "extirpación de idolatrías" desvelan los movimientos de resistencia de las abuelas latinoamericanas. El submundo de la resistencia femenina ancestral fue causado por el pacto patriarcal, el cual se construye a partir de alianzas hechas entre hombres conquistadores y hombres conquistados. Guzmán identifica otro feminismo construido desde la comunidad, y distinto al pensado desde la Ilustración y la Revolución Francesa. En este sentido, la autora argumenta que existen distintos enfoques feministas: por un lado, están los feminismos adjetivados como feminismo marxista, socialista, anarquista, queer, feminismo negro, posestructuralista, poscolonial, entre otros, mientras que por el otro lado, existen los feminismos que ponen el acento en la reconstrucción de la comunidad a partir de procesos de despatriarcalización. El feminismo comunitario antipatriarcal se aleja del debate sobre la diferencia y la igualdad, y propone como unidad de análisis las luchas de mujeres y hombres contra el machismo, la violencia, la discriminación, el ejercicio del privilegio y la explotación. Para Guzmán, el adjetivo es como un apellido que indica la pertenencia al padre, así, los feminismos occidentales son vistos como teorías incompletas, reducidas a herramientas para acabar con las relaciones de género, por lo que necesitan la teoría-padre para enfrentar otras violencias; es decir que los feminismos adjetivados luchan por el reconocimiento otorgado desde el propio sistema heteropatriarcal.[39]

Con respecto al proceso de descolonización del feminismo, Guzmán señala que la clave está en la afirmación del patriarcado como el sistema de sistemas: una técnica capitalista, racista, neoliberal y transnacional. Guzmán explica que a partir del entronque patriarcal, cuyos comienzos se precisan en 1492, se producen todas las opresiones y violencias a las que son sometidas la humanidad y la naturaleza. El feminismo comunitario desvela que el patriarcado es una concepción histórica que se construye y reconstruye sobre el cuerpo de las mujeres. Así, la autora argumenta que el capitalismo, la explotación de los recursos naturales y el racismo se han aprendido y ensayado en cuerpos femeninos, por ejemplo, el capitalismo se reproduce a través del trabajo doméstico realizado por mujeres, por medio de las actividades de limpieza, cuidado, crianza y preparación de alimentos, dicho "trabajo fantasma" aumenta las ganancias del patrón o dueño de la empresa. Guzmán amplía la explicación señalando que las dinámicas de uso de la casa familiar están directamente relacionadas con el género, y que de esta manera se aprende la jerarquización de los cuerpos, es decir, el racismo. Por último, la autora menciona que el extractivismo de los recursos naturales se aprende a partir de la super explotación de los cuerpos de las mujeres, ya que son ellas las que paren hijos, tejen, cocinan y cuidan. Para Guzmán, una mujer aymara[40] sujeta a ciertos grados de discriminación y violencia siempre está por debajo de un hombre aymara en las mismas circunstancias, ya que no existe opresión por ser hombre. Así la lucha del feminismo comunitario es contra el patriarcado, por ser considerado un sistema de muerte.[41]

Como ya se mencionó, Butler explica que el cuerpo es definido por una superposición de historias, y que el relato resultante se construye a partir de mover y cruzar las características de género, las cuales se establecen desde la diferencia sexual. Para Butler, la transformación de la historia visibiliza y reafirma otras posibilidades corpóreas, y argumenta que este proceso de perturbación de la materia tiene fundamento en que los significados atribuidos a los cuerpos se construyen mediante actos performáticos. Durante el performance, no sólo se imitan los códigos que definen las categorías del binario hombre/ mujer, sino que la disrupción inherente al gesto es la que reconfigura los cuerpos antes del choque entre cuerpo significado y significación. La importancia de los cuerpos está determinada a priori de dicho encuentro. Haciendo una crítica de las teorías de los pensadores clásicos con respecto a la relación entre forma, significado y materia, Butler argumenta que los gestos, junto con las vestimentas ordinarias, construyen un esquema-piel desde donde se actualiza y produce el cuerpo. La materialización se sucede gracias al efecto resultante de los discursos que encierran las normas de la diferencia sexual. La autora menciona que la construcción del esquema-piel no está completamente determinada, así, los "sin nombre" borran los límites de la materia. El género como acto performativo nunca alcanza la categoría asignada, de esta manera, ninguna persona llega a ser completamente mujer u hombre.[42] Butler explica que existe una diferencia entre materia-cuerpo y el proceso de materialización, de modo que ser mujer se refiere a los actos o gestos cotidianos que exigen la aceptación del correlato femenino y la materialización de los cuerpos se refiere al cumplimiento del mandato, no obstante, como los movimientos corpóreos son discontinuos, siempre existe la posibilidad de tejer actos distintos a los establecidos en el acuerdo sociocultural (fig. 3.4).[43]

El transespacio

Según Preciado, el acierto de la teoría *queer* es, sobre todo, haber logrado la inversión performativa del insulto. El autor señala que la tesis de Butler sobre el performance del género permitió que el objeto-cuerpo de la injuria se convirtiera en el sujeto de enunciación (recuperación de acción política). A partir de este principio, y la consideración del patriarcado como sistema general de opresión, aquí se propone el concepto transespacio, es decir, un enunciado en movimiento, que trabaja como idea abierta, sin definición estable. En este sentido, el transespacio es el cruce que permite el pliegue infinito, por lo que se constituye a partir de cuatro características fundamentales: subjetivación, nomadismo, ensamblaje y actualización,[44] todos trabajan simultáneamente y se conectan, o suceden, gracias a la formación de plegamientos múltiples. El transespacio crea espacios "trans", que ocurren a partir de la ocupación-despliegue de los cuerpos secundarios. Dicho polipliegue estará directamente relacionado con las ficciones políticas de desventaja asignadas a cada cuerpo. Retomando la definición del transespacio, se puede decir que la subjetivación hace referencia a una red biopolítica constituida por técnicas y estrategias; a partir de las tecnologías resultantes, los seres humanos son formados para atender y defender la matriz social heteronormada.[45] Sin embargo, dentro de los procesos de subjetivación impuestos desde el poder, yacen las posibles resistencias que liberan los cuerpos y construyen subjetividades.[46]

Luego, el nomadismo, como efecto teórico, se relaciona con los procesos de auto desterritorialización: ser nómada hace referencia a la identificación, tránsito y/o habitación temporal de aquellos lugares que se construyen fuera de los códigos establecidos, y la nomadización puede ser espacial, filosófica, política o de pensamiento (ideológica).[47] El ensamblaje es un sistema que conecta elementos de naturaleza variada, cuyas fuerzas interactúan entre sí. El territorio resultante crea nuevos significados y posibilidades espaciales, las cuales desestabilizan las formas y estructuras preconcebidas. La característica del espacio-ensamble es la flexibilidad estructural o corpórea, así como la recodificación simbólica.[48] Por último, la actualización está relacionada con la expresión, sin embargo, va más allá de las representaciones de lo real, ya que los procesos de actualización ocurren en el plano de la inmanencia, es decir, en el espacio donde lo real-real se pliega y a la vez despliega imágenes virtuales que sostienen y definen la realidad cotidiana. La actualización deleuziana no tiene cortes, solo continuidades abiertas. Aquí lo real es siempre realidad virtual.[49] De acuerdo con lo anterior, a partir del cruce (transespacio) se pueden crear diferentes tipos de espacio-trans, por ejemplo, espacio-subjetividad, espacio-nómada, espacio-ensamble y espacio-actualizado. Si bien es cierto que en la acción transespacial trabajan simultáneamente los cuatro elementos conceptuales mencionados, el nombre del espacio creado se define a partir del sustantivo-verbo que caracterice la conexión o plegamiento entre las partes.

Fig. 2.6 Relación cuerpo-territorio.
Imagen de desposesión espacial. Rio
de Janeiro, Brasil

Entonces, ¿qué queremos decir al definir el transespacio como un continuo pliegue? A partir de un profundo análisis de la teoría foucaultiana, Deleuze explica el pliegue como el conjunto de movimientos peristálticos (contracciones y relajaciones) surgidos desde el afuera para configurar el adentro.[50] De este modo, el pliegue es entendido como la salida o acción que permite arrancar el vacío y darle batalla a la muerte. El autor señala que, de acuerdo con Foucault, existen tres dimensiones que definen los cuerpos socializados: saber, poder y pensamiento. Los filósofos griegos inventaron la idea de sujeto mediante el doblez de una fuerza sobre sí misma: el sujeto surge de procesos de subjetivación, muchas veces condicionados por normas hegemónicas. Deleuze explica que la subjetividad está constituida por varias dimensiones, una de ellas surge de la entremezcla de las relaciones control-saber, sin embargo, como se forma desde el afuera, el resultante queda libre de dichas tecnologías.[51] Con el fortalecimiento del capitalismo, el sujeto griego fue borrándose hasta sustituir subjetividad por sujeción, quedando así subordinado al conjunto de instituciones derivadas del poder y del conocimiento. Aquí el pliegue se deconstruye y sus partes se manipulan, sin embargo, aun en procesos de despliegue, la subjetividad (relación consigo mismo) continúa plegándose. Deleuze señala que existen cuatro tipos de plegamientos: el pliegue del cuerpo, de las relaciones, de la verdad (saberes) y el pliegue de la interioridad en pausa, o también conocido como el doblez del afuera. Los pliegues del cuarto tipo esquivan las normas ya que responden a ritmos cuyas variaciones construyen otros pliegues a partir del despliegue (subjetividad por sujeción). El autor explica que la subjetividad está intrínsicamente relacionada con la dimensión sexual del ser humano, esta conexión desvela el derecho a la multiplicidad como característica de una subjetividad que no depende de la red poder-saber. Desde la perspectiva foucaultiana, el doble continuo, o pliegue, siempre es memoria total. Así, el espacio-tiempo, como prolongación corpórea, es la pieza clave que construye el autoconocimiento y el autocuidado (subjetividades).[52]

Deleuze explica que bajo la condición del plegamiento como voluntad de poder, el afuera representa la última dimensión espaciotemporal, un afuera más allá de todo exterior que se pliega para formar un híper-interior. La inteligibilidad de los cuerpos y sus prolongaciones (espacio) tiene características topológicas, y depende, de modo absoluto, de los procesos de plegamiento. El pliegue entendido como espacio de subjetivación ocurre sobre las formas ya entrelazadas (redes poder-saber). Así, el pensamiento se constituye a partir de plegar el afuera sobre sí mismo, los puentes topológicos borran las distancias y permiten unir las fronteras exteriores e interiores. Al condensar el pliegue como memoria total, se despliegan nuevos dobleces, los cuales tejen nuevos espacios del afuera-adentro, es decir, nuevas formas de subjetivación.[53] Al respecto, Preciado argumenta que la subjetividad se construye a partir del cruce, al definir al cuerpo como un archivo abierto que encierra múltiples posibilidades, se desvela que las fronteras políticas de la materia humana en realidad constituyen el efecto virtual del horizonte. Según Preciado el constante cruce del margen, es decir el espacio trémulo, es el único espacio que existe. Cruzar los límites del cuerpo es "saltar" hacia el infinito y, en el proceso, jalar el espacio, es decir, la prolongación del cuerpo significado (fig. 3.5).[54] De esta manera, el transespacio crea un espacio temporal de cualidad migrante (nómada) que contiene las micropolíticas del cruce, un conjunto multiforme de resistencias con las cuales hacer frente al sistema patriarcocolonial que perpetúa la desposesión y, con ello, la objetivación y borrado de los cuerpos dependientes y sus espacios.

Fig. 3.5 Reapropiación de lo público; 'acuerpamiento' espacial. Ámsterdam, Países Bajos.

Notes

1. BEAUVOIR, Simone de. *El segundo sexo*, p. 65-80.
2. Idem, Ibidem, p. 207.
3. Idem, Ibidem, p. 710-724.
4. PRECIADO, Paul, *Yo soy el monstruo que os habla*, cap. 1.
5. Idem, *Un apartamento en Urano. Crónicas del cruce*, cap. 13.
6. La necropolítica es un término que se refiere a las formas de control del cuerpo político, desde ahí se administran las políticas de vida y muerte; la idea se relaciona directamente con el concepto de biopoder.
7. PRECIADO, Paul. "Comunismo somático". En *Hay Festival 2014*, Cartagena, Colombia. Disponible en: https://www.youtube.com/watch?v=g90LDHn1Ss8. Acceso el 11 jul. 2024.
8. Idem. *Pornotopía. Arquitectura y sexualidad en "Playboy" durante la guerra fría*, p. 13-20.
9. POMEROY, Sarah. *Goddesses, Whores, Wives, and Slaves: Women in Classical Antiquity*, p. 57-80.
10. Idem, Ibidem, p. 95-162.
11. Idem, Ibidem, p. 191-197.
12. BEAUVOIR, Simone de. Op. Cit, p. 88-91.
13. DALARUN, Jaques. "La mujer a ojos de los clérigos". *Historia de las Mujeres. La Edad Media*. Editado por Georges Duby y Michelle Perrot, cap. II.
14. THOMASSET, Claude. Ibidem, cap. III.
15. CASAGRANDE, Carla. "La mujer custodiada". Ibidem, cap. IV.
16. Idem, Ibidem, cap. IV.
17. MATTHEWS GRIECO, Sara. "El cuerpo, apariencia y sexualidad". *Historia de las Mujeres. Del Renacimiento a la Edad Moderna* (Vol. 3), editado por Georges Duby y Michelle Perrot, cap. II.
18. HUFTON, Olwen. "Mujeres, trabajo y familia". Ibidem, cap. I.
19. BEAUVOIR, Simone de. Op. Cit., 92-97.
20. SOCOLOW, Susan. *Las mujeres en la América Latina colonial*, p. 9-13.
21. Idem, Ibidem, p. 15-32.
22. GODINEAU, Dominique. "Hijas de la libertad y ciudadanas revolucionarias". *Historia de las Mujeres. El siglo XIX*. Editado por Georges Duby y Michelle Perrot, cap. I, Kindle.
23. FRAISSE, Genevieve. "Del destino social al destino personal. Historia filosófica de la diferencia de los sexos". *Historia de las Mujeres. El siglo XIX*, Editado por Georges Duby y Michelle Perrot, cap. III.
24. ENGELS, Friedrich. *El origen de la familia, la propiedad privada y el estado*, s. p.. Disponible en: https://www.marxists.org/espanol/m-e/1880s/origen/index.htm. Acceso el: 11 jul. 2024.
25. FRAISSE, Genevieve. Op. Cit., cap. III.
26. MAUGUE, Annelise. "La nueva Eva y el viejo Adán: identidades sexuales en crisis". *Historia de las Mujeres. El siglo XIX*. Editado por Georges Duby y Michelle Perrot, cap. XV.

27 FRAISSE, Genevieve. Op. Cit., cap. III.
28 THÉBAUD, Françoise. "La Primera Guerra Mundial: ¿la era de la mujer o el triunfo de la diferencia sexual?". *Historia de las Mujeres. El siglo XX*. Editado por Georges Duby y Michelle Perrot, cap. I.
29 COTT, Nancy. "Mujer moderna, estilo norteamericano: los años veinte". *Historia de las Mujeres. El siglo XX*. Editado por Georges Duby y Michelle Perrot, cap. II.
30 IRIGARAY, Luce. *Espéculo de la otra mujer*, p. 26-51.
31 Idem, Ibidem, p. 69-78, 228-326.
32 STONE, Alison. *Luce Irigaray and the Philosophy of Sexual Difference*, p. 121.
33 BUTLER, Judith. *Gender Trouble. Feminism and the Subversion of Identity*, cap. 1. Parte I.
34 La "draguerización" es un proceso teórico y/o performático que consiste en mover (arrastrar) los límites establecidos desde el poder patriarcal. Como método de análisis consta de 3 pasos: la crítica, la *queerización* del modo y la transformación del discurso o correlato.
35 BUTLER, Judith. *Gender Trouble. Feminism and the Subversion of Identity*, cap. 1. Parte IV.
36 PRECIADO, Paul. *Un apartamento en Urano*, cap. 2.
37 GUZMÁN, Adriana; PAREDES, Julieta. "Feminismo comunitario", Chiapas, México, 2014. Disponible en: https://www.youtube.com/watch?v=C6l2Bn-FCsyk. Acceso el 11 jul. 2024.
38 GUZMÁN, Adriana. *Decolonizar la memoria. Decolonizar los feminismos*, p. 6-15.
39 Idem, Ibidem, p. 31-37.
40 Los aymaras es el nombre de un pueblo originario que habitan algunas regiones de Bolivia, Perú, Chile y Argentina.
41 GUZMÁN, Adriana; PAREDES, Julieta. Op. Cit., s.p.
42 BUTLER, Judith. *Bodies That Matter: On the Discursive Limits of Sex*, parte I, cap. 1.
43 Idem, Ibidem, parte I, cap. 4.
44 MALDONADO, Diana. "Un espacio fantástico. Historia, teoría y decolonización. Primer ensayo". *Apuntes sobre decolonización, arquitectura y ciudad en las Américas*. Editado por Reina Loredo y Fernando Lara, p. 66-67.
45 MORROW, Jim. "Subjectification". *Demystifying Deleuze. An Introductory Assemblage of Crucial Concepts*. Editado por R. Shields y M. Valle, p. 179-181.
46 KALYNIUK, Gregory. "Subject". Ibidem, p. 175-177.
47 MACDONALD, Michael. "Nomadic". Ibidem, p. 125-127.
48 KRUGER, Erin. "Assemblage". Ibidem, p. 29-31.
49 Idem, Ibidem, p. 29-31.
50 MACDONALD, Michael. "Fold". Ibidem, p. 71-73.
51 DELEUZE, Gilles. *Foucault*, cap. 2, parte I.
52 Idem, Ibidem, cap. 2, parte III.
53 Idem, Ibidem, cap. 2, parte II.
54 PRECIADO, Paul. *Un apartamento en Urano*, cap. 1.

Capítulo 4

*Donde se habla sobre teoría crítica y
la cuestión urbana, se escriben apuntes para
el manifiesto "contraplanning", y
se piensa el transespacio como teoría.*

Los esfuerzos por revolucionar la idea de ciudad comenzaron a partir de la segunda mitad del siglo 20, muchas de las propuestas se tradujeron en teorías urbanas y algunas de ellas se definieron a partir de la crítica. Al respecto, Neil Brenner explica que la teoría crítica urbana constituye una herramienta de resistencia frente a los cánones definidos por la epistemología dominante. Teniendo en cuenta que las normas de uso espacial son validadas tanto por la morfología urbana, como por la reconceptualización de la ciudad, Brenner propone la teoría crítica como herramienta para imaginar otras formas sociales de urbanización, es decir, "nuevos" espacios caracterizados por la sostenibilidad y la justicia espacial. El autor argumenta que las metodologías teórico-críticas ponen el acento en el espacio público por considerarlo la arena de la acción política, y agrega que los proyectos de intervención urbana, pensados desde este método, se fundamentan en el estudio profundo de las relaciones entre poder hegemónico y espacio social. La aplicación de la teoría crítica de Brenner a la esfera urbano espacial desvela el vínculo directo entre el ambiente construido y la razón instrumental –característica clave del capitalismo–, a partir de ahí es posible desequilibrar la estructura urbana que promueve tecnoprácticas, las cuales construyen espacios de consumo.[1] En sus investigaciones, propone la sustitución de la "ciudad" como unidad de análisis urbano, argumentando que la generalización del concepto de "ciudad" produce teorías urbanas donde se priorizan jerarquías espaciales: cuando se habla de *planning* urbano capitalista, de ciudades neoliberales y posglobales. Entender la ciudad desde el mercado organiza los estudios espaciosociales en dos grupos, el primero trata de tipos de ciudades, mientras que el segundo incluye morfologías de escala metropolitana. Brenner señala que el resultado de estas investigaciones establece una diferencia entre ciudad (adentro o centro urbano) y no ciudad (lo que queda fuera de la *civitas*). Luego, contextualizando la hipótesis de Henri Lefebvre, aquella que habla de implosiones/explosiones, Brenner establece las bases fundamentales para construir una nueva teoría urbana sin "el afuera", el fin de la propuesta es crear estrategias para ganar la batalla contra el poder hegemónico del mercado, el desastre ecológico y la segregación urbana.[2]

Ahora bien, la tesis de la urbanización completa fue formulada por Lefebvre durante la década de 1970, y define el proceso de transformación urbana como un cambio radical de las sociedades. De acuerdo con la tesis *lefebvriana*, el fenómeno de expansión metropolitana se caracteriza por tener alcances planetarios. Lefebvre explica que la construcción de la ciudad moderna o industrial llevó a la destrucción de los asentamientos agrícolas, transformando las aldeas o ciudades rurales en entidades urbanas y, por lo tanto, en nodos del sistema de industrialización capitalista.[3] Siguiendo la teoría del autor, la urbanización planetaria es un fenómeno dialéctico en el cual las diferentes redes de mercado y producción disuelven la estructura social existente, lo que resulta en la mutación de las formas espaciales. Para Lefebvre, la geourbanización se produce mediante la simultaneidad de implosiones y explosiones, la implosión como la híper concentración urbana de personas, ideologías, actividades, instrumentos, riqueza y bienes, mientras que la explosión es el lanzamiento o expulsión de fragmentos de la ciudad desconectados entre sí; la explosión espacial se materializa en suburbios, complejos industriales, zonas periféricas, *ghettos* y conjuntos habitacionales. Lefebvre señala que el proceso de urbanización transforma radicalmente los núcleos urbanos convencionales y los absorbe en la red urbana de la ciudad-continente.[4]

Tomando como punto de partida el método de construcción teórica del concepto de "ciudad", Brenner redefine los cuatro puntos donde se fundamentan los estudios urbanos tradicionales: *unidad de análisis, modelo de organización territorial, entendimiento de desarrollo territorial, y modelo de evolución histórica del cambio territorial*. En la teoría urbana clásica, la ciudad constituye una *unidad de análisis* cerrada donde se determinan diferentes tipos de asentamiento, así, el *modelo de organización territorial* es tipológico y binario, por lo que establece diferencia entre lo rural y lo urbano; por otro lado, el *entendimiento de desarrollo territorial* está centrado en el tamaño de la población, por lo que clasifica el espacio urbano en categorías geopolíticas como distrito, ciudad y país. Brenner señala que en la teoría tradicional, el *modelo de evolución histórica del cambio territorial*, es lineal y universal, en este sentido, la ciudad representa el tipo ideal de asentamiento de la civilización humana. La urbanización es el proceso metaconceptual desde donde se construye la ciudad capitalista, sin embargo, es necesario desarrollar otras formas de urbanizar, donde se consideren las aglomeraciones y paisajes geográficos como las nuevas unidades de análisis. De acuerdo con el autor, el nuevo enfoque urbano posibilita una nueva teorización de las relaciones de poder, las cuales están reflejadas en el incremento del uso de suelo, la organización sociopolítica, y la segregación espacial. Para Brenner, es urgente el estudio de las implosiones/explosiones producidas bajo el sistema capitalista, por lo que propone una nueva teoría urbana donde la *unidad de análisis* es abierta, variada y multiescalar. El *modelo de organización territorial brenniano* es un proceso dialéctico, es decir, las aglomeraciones mantienen una relación dialéctica con los paisajes operacionales, por lo que el proceso de dialectización transforma la ciudad y la no ciudad. Para el *entendimiento de organización del territorio*, el autor propone la consideración del conjunto de fuerzas derivadas del capitalismo, el Estado y las resistencias sociopolíticas. Finalmente, Brenner argumenta que el *modelo de evolución histórica del cambio territorial* es discontinuo y desigual, así, el proceso de diferenciación territorial desvela mediaciones multi dimensionales, las cuales reconfiguran el espacio a partir de diferentes escalas territoriales.[5]

La propuesta de Brenner es pionera dentro de la teoría crítica urbana, y propone cambios conceptuales útiles para el análisis del espacio social contemporáneo. Sin embargo, al invisibilizar el afuera, Brenner mantiene un enfoque "centralista", y por eso el resultado es inverso a su objetivo: la ciudad planeada acaba por consolidarse como referente de los estudios urbano-espaciales: lo urgente es desarrollar líneas de pensamiento descentradas capaces de difuminar el "adentro" como único origen urbano. En este sentido, Andy Merrifield explica que la vieja cuestión urbana, establecida por Manuel Castells en 1972, se fundamenta en la crítica de las imágenes representacionales de la ciudad. De acuerdo con Merrifield, la comprensión de lo urbano desde perspectivas sociales y/o antropocéntricas reduce el entendimiento de la ciudad en tres ejes conceptuales: dimensiones, densidades y características culturales con poder de transformación y organización socioespacial.[6] Siguiendo la propuesta urbana de Castells, las políticas públicas que transforman el sistema-ciudad están directamente relacionadas con la estructura socioespacial dictada desde el capitalismo; y argumenta que al negar la relación entre capitalismo y sistema urbano se construye una representación ficticia de la ciudad. Castells define lo urbano como una unidad de reproducción laboral, la cual se expresa en el espacio capitalista, resultante de los modos de producción; para el autor, lo urbano se crea a través del consumo a gran escala, tanto de bienes como de servicios urbanos, los cuales se mueven al margen de la relación fuerza de trabajo-salario. Desde esta perspectiva, lo urbano funciona como articulador de partes específicas del sistema social.

    Para Castells, lo urbano constituye el elemento espacial periférico donde el Estado construye la infraestructura pública, de manera que es el poder gubernamental que define la idea de ciudad. Es aquí donde radica el principio de la cuestión urbana del año 72: Castells apuesta por la intervención del Estado en los procesos reproductivos, es decir, una responsabilidad del gobierno-Estado en cuanto a la planeación urbana, el financiamiento de infraestructura y la creación de políticas públicas. Como contraparte, el autor propone el uso de las acciones comunales que resisten la acción gubernamental, lo que resulta en una vinculación entre el Estado y los ciudadanos en cuanto a organización política y gestión del consumo. La cuestión urbana de Castells se muda de los lugares de trabajo a los espacios de la vida cotidiana, sin embargo, el espacio mantiene un rol periférico.[7]

Merrifield señala que, bajo las condiciones actuales de urbanización planetaria, la tesis de Castells es insostenible, ya que el Estado contemporáneo desconoce sus responsabilidades sociales, y cede poder al capital. De esta manera, el autor explica que la nueva cuestión urbana tiene como pieza clave la relación entre política, teoría y práctica: la ciudad contemporánea se reconstruye a través de la superexplotación de los principios constituyentes de un urbanismo globalizado, y al mismo tiempo tradicional, es decir, se utiliza la alteración del ambiente construido como herramienta para establecer cambios sociopolíticos (*planning*) (fig. 4.1). Siguiendo a Merrifield, en siglo 21, la "hausmanización" urbana del viejo Paris adquiere escala global, los cambios del ambiente construido son planeados desde el poder financiero transnacional, y los proyectos de reestructuración son llevados a cabo por el Estado. En el nuevo paradigma, las implosiones y explosiones ocurren dentro del mismo tejido urbano, de esta manera el lugar geográfico, tanto del centro como de la periferia, se desplaza constantemente, aunque se mantiene el juego discursivo de las significaciones. Aún según Merrifield, las oposiciones binarias Norte/Sur y adentro/afuera tienen que ser redefinidas. Además, es necesario considerar la materialización de la ciudad como parte indispensable del sistema capitalista y, en este sentido, la ciudad juega un doble papel dentro de los procesos de urbanización: por un lado, hace posible la acumulación del capital a través del consumo y, por otro lado, la ciudad representa un espacio de lucha y resistencia. Merrifield propone la neo-democratización de la ciudad, esto a partir de la unificación de la filosofía y del compromiso político. El autor señala que es crucial dejar de lado la razón instrumental como guía de los procesos de producción espacial, y establece características iniciales de la urbanización democrática, por ejemplo, la infraestructura de transporte, el ambiente construido, la movilidad, el número de habitantes y los criterios de densidad, topografía, políticas públicas y mezcla social.[8]

Uno de los ejemplos más conocidos sobre la relación entre *planning* y poder es el conjunto de ideas de los teóricos de la Escuela de Chicago. Durante las primeras décadas del siglo 20, los "pensadores de Chicago" definían la ciudad más allá de sus dimensiones y geografía artificial, poniendo el acento en aspectos socioculturales, los cuales fueron considerados fuerzas configuradoras de lo urbano. Desde

Fig. 4.1 Ciudad favela como contraparte de la ciudad planeada, el falso *off-planning*: ejemplo en Río de Janeiro, Brasil

esta perspectiva, la ciudad es entendida como una unidad tridimensional (geográfica, económica y ecológica), y más: la ciudad adquiere cualidad dialéctica, o sea, por un lado, se encuentran la infraestructura física y los habitantes, mientras que, por el otro, están los sistemas administrativos y poderes institucionales. De este modo, la ciudad es una comunidad de estructura corporativa, donde se respeta la jerarquía vertical. La tesis de Chicago propone el barrio como la célula-motor de la ciudad y, aunque reconoce la necesidad del planeamiento urbano, lo considera una fuerza externa de organización, y no de control socioespacial. Robert E. Park explica que el plan de la ciudad es rebasado por los modos de vida de los que la habitan, y el barrio representa una ciudad dentro de otra ciudad, constituyendo la mente social de la metrópoli moderna. Park señala que la antigua organización socioeconómica y espacial fundamentada en lazos familiares es sustituida por grupos gremiales y afinidad de clase.[9] Según la escuela de Chicago, el *planning* moderno organiza la ciudad siguiendo una lógica de anillos concéntricos, los cuales están diseñados para soportar la expansión metropolitana; la organización espacial, o acomodo de barrios, utiliza la zonificación como herramienta principal de construcción de la ciudad, así, Park argumenta que todo asentamiento humano tiende a crecer radialmente a partir del centro cívico, el cual está constituido por edificios gubernamentales, de oficinas y comercio, nodos de comunicación y transporte, así como por la arquitectura de servicios. El centro urbano es previamente establecido en el plan general, la zona dos está constituida por una franja de transición donde se localiza comercio, pequeña industria y algo de vivienda, el tercer anillo es habitado por los trabajadores industriales con mejores posibilidades económicas, quienes lograron salir de la zona de transición, ya en el área cuatro se localiza la zona residencial, formada por barrios exclusivos y vivienda vertical, por último, fuera de los límites de la ciudad planeada, se encuentran los barrios marginales o áreas suburbanas. Park señala que la expansión de la ciudad se sucede gracias a un continuo proceso de concentración y descentralización, y agrega que el área metropolitana queda definida a partir de la infraestructura de transporte de largo alcance.[10]

En su famoso texto *El derecho a la ciudad*, Lefebvre argumenta que los procesos de industrialización dieron origen a la metrópoli moderna, a la que el autor relaciona directamente con el capitalismo de la segunda mitad del siglo 20; en la cual el *planning* fue la herramienta clave de urbanización con la que se modeló el espacio de la razón instrumental. A partir de los procesos de industrialización a gran escala, Lefebvre establece dos grupos tipológicos de ciudades: en el primero se encuentran la ciudad oriental, la clásica o antigua, y la medieval, todas ciudades precapitalistas. Los asentamientos preindustriales se caracterizaban por su naturaleza política, y después, con la aparición de la burguesía, la ciudad recupera ese carácter inicial. De esta manera, la ciudad medieval temprana se reconstruye como núcleo sociopolítico, con un centro urbano donde se acumulan saberes, tecnologías, riqueza y obras de arte. Lefebvre entiende la ciudad precapitalista como una obra interactiva (una instalación) fundamentada en el uso de infraestructura urbana y de artefactos arquitectónicos. De acuerdo con el autor, la concentración de la riqueza en el núcleo urbano resulta en la reorganización del capitalismo bursátil a partir de redes, las cuales facilitaron el intercambio monetario a gran escala. Así, con la aparición de la ciudad-empresa (segundo grupo), la tenencia de la tierra y la agricultura dejaron de tener importancia en cuanto a la definición de lo urbano. Lefebvre explica que este cambio de sistema económico transformó las relaciones sociales entre la ciudad, los asentamientos rurales y las instituciones, pues dicho cambio dio origen a una red metropolitana establecida sobre una división laboral de característica técnico-política. El núcleo urbano concentra los poderes hegemónicos, lo que permite la consolidación geopolítica del Estado: es así que Lefebvre explica el surgimiento de la ciudad capital.[11]

Para Lefebvre, los procesos de industrialización-urbanización destruyeron la ciudad-obra. De esta manera, la realidad urbana quedó sujetada a la industria de la metrópoli: la organización socioespacial de la ciudad moderna se fundamentó en la combinación de aspectos económicos y de producción, por lo que desde las instituciones oficiales se crearon reglamentos para atender las necesidades del capital. Los nuevos códigos cambiaron las normas espaciales de la ciudad antigua; a través de permisos de uso de suelo se determinaron actividades, horario de ejecución y lugares. Lefebvre explica que la idea de ciudad se convirtió en el elemento clave de los procesos de industrialización: en un principio, se re-urbanizaron las *citadelas* originales, luego, cuando el sistema capital-industria se consolidó, las fábricas fueron construyendo sus propias ciudades. El proceso de urbanización capitalista fundamentó la vida social a partir del crecimiento territorial y el desarrollo económico, de este modo, la ciudad moderna se caracterizó por el aumento de zonas periféricas y centros urbanos flexibles. De acuerdo con la hipótesis de Lefebvre, los procesos de implosión-explosión extienden el tejido urbano, conservando la polarización entre ciudad y no ciudad, esta última está constituida por asentamientos rurales y/o urbanizaciones informales.[12]

Lefebvre señala que el planeamiento formal sirvió para reconstruir la ciudad de acuerdo con los principios de la clase hegemónica. Como explicación de la metrópoli capitalista, el autor cita el plan de intervención de Paris, a cargo de Haussman, y divide la urbanización *haussmaniana* en tres actos: el primero plantea una estrategia de sustitución de calles por grandes avenidas que delimitan vacíos espaciales, eso porque la arquitectura de escala monumental fortalece las representaciones del poder político y económico; en el segundo acto, se construyen suburbios para albergar a las clases populares y, así, dejarlas fuera de la ciudad-obra, lo que resulta en el desdibujamiento de la conciencia urbana y la sustitución de la producción espacial por el consumo del espacio; ya durante la tercera y última fase de intervención, el Estado construye conjuntos habitacionales, los cuales definieron urbanizaciones periféricas, pero subordinadas a la *citadela* moderna. De acuerdo con la tesis *lefebvriana*, la realidad espacial se redefine constantemente dentro de la urbanización planetaria y, con ello, aparecen nuevas concepciones de ciudad a modo de paradigmas urbanos. En medio de esta crisis, Lefevbre distinguió tres tipos de urbanismos: el que busca el rescate de la escala humana usando artefactos arquitectónicos, el urbanismo científico, que prioriza la acumulación de datos y la administración de la infraestructura urbana pública y, por último, el urbanismo promocional, que se fundamenta en la razón del mercado para establecer normas de consumo espacial. El derecho a la ciudad que plantea Lefebvre es una denuncia que le apuesta a la redefinición de lo urbano a partir del "hombre nuevo, sin embargo, al proponer repensar la ciudad-obra, el *planning* se mantiene como herramienta de organización espacial (fig. 4.2).[13]

El primer planificador de ciudades fue Hippodamus, quien esquematizó la ciudad griega utilizando calles en retícula, zonificación de áreas, organización de uso de suelo y ágora central (espacio público).[14] De acuerdo con Michael Gunder *et al*, la planificación urbana que surgió a principios del siglo 20, fue concebida como un instrumento transformador de geografías naturales y artificiales, es decir, como técnica de gestión territorial para el progreso social, así, el *planning* sirvió como mediador entre las instituciones de poder, la sociedad y la naturaleza. Después de la Segunda Guerra Mundial, el *planning* urbano fue la pieza clave para la reconstrucción de ciudades; la planificación de la posguerra trabajó de la mano con los dos sistemas socioeconómicos que gobernaron el nuevo orden mundial, y en este lógica se utilizó como técnica aliada tanto de naciones socialistas, como de estados capitalistas. Según Gunder *et al*, existe una relación directa entre planificación urbana, colonización y procesos de modernización u occidentalización, desde esta perspectiva se entiende que el *planning* se fue convirtiendo en un instrumento de control al servicio del poder hegemónico. Con la llegada del posmodernismo, ocurrió una transformación de las dinámicas gubernamentales y, con ello, otros vínculos entre Estado y sociedad. Los procesos de planificación urbana atendieron las particularidades del contexto local, sin embargo, con la llegada del capitalismo neoliberal, el *planning* sufrió transformaciones en sus características básicas, por ejemplo, pasó de instrumento público a empresarial: esto significó la vuelta de las tecnoprácticas y la razón instrumental, dejando de lado el progreso social, así como la democratización del espacio. Uno de los aspectos centrales de la planificación urbana es que surgió como una disciplina social, productora de políticas públicas, las cuales permitían la toma de decisiones urbanas fundamentadas en la razón, con ello se garantizaba el cumplimiento de las metas esquematizadas en el "plan maestro". Sin embargo, a partir de la segunda década del siglo 20, los métodos de planificación urbana fueron cuestionados ya que las propuestas eran ajenas a los usos cotidianos de la ciudad, así como también a los retos urbanos que enfrentaban las sociedades posmodernas. Luego, a partir de la década de 1960, surgieron alternativas de planeamiento urbano donde se consideraba la justicia social, la diversidad y la participación ciudadana (racionalidad comunicativa). A pesar de dicho cambio de enfoque, los "planes maestros" siguieron sin reflexionar sobre el cambio climático.[15]

En las últimas décadas del siglo 20, el *planning* posmoderno volvió a interesarse por el diseño urbano y la participación ciudadana, además, utilizó la idea de "lugar" y los símbolos culturales como punto de partida para el desarrollo de planes maestros e intervenciones urbano-arquitectónicas. Simin Davoudi explica que el llamado planeamiento espacial (*spatial planning*) pone el acento en la red de relaciones socioeconómicas, políticas, culturales y ecológicas, proponiendo el fortalecimiento de identidades colectivas desde de la planificación urbana. El autor señala que el *spatial planning* considera la creación de lugares de identidad a partir de las actividades de la vida cotidiana, por lo que el argumento

Fig. 4.2 Cartela-remate, el papel de la geografía artificial en la construcción de "lo urbano". Ejemplo en Río de Janeiro, Brasil

principal es la racionalidad comunicativa, que incentiva la participación de los usuarios en el diseño, así como la gestión del espacio habitado. Según Davoudi, la intención inicial de este tipo de planeación fue intensificar las relaciones socio-humanas a través de espacios significativos, es decir, rescatando aspectos culturales y tradiciones de uso territorial. Contrario al *planning* de posguerra (planeamiento positivista), el planeamiento espacial busca la organización geográfica proactiva, y deja de lado la zonificación de uso de suelo y los proyectos de intervención derivados del "plan maestro". El autor explica que las características del *spatial planning* surgen de los principios urbanos de la *Escuela de Los Angeles* (Los Angeles School of Urbanism), que lo definen desde lo múltiple y lo diverso, la reflexión teórica de argumentos postestructuralistas, la conectividad y por último, la flexibilidad espacial. A pesar de las diferentes propuestas de este tipo de planificación, por lo general todas ellas comparten un elemento común: la consideración simultánea de la materialidad arquitectónica y los imaginarios que se desprenden de la misma. Desde esta perspectiva, el "lugar" contiene y produce hiperrealidades espaciales. Davoudi explica que, con el paso del tiempo, el *spatial planning* quedó atrapado bajo su misma premisa de libertad: la planificación neoliberal utilizó los imaginarios espaciales absolutos, lo que resultó en el fortalecimiento del control territorial, así como el retorno a la dirección *top/down* como eje de acción de intervenciones urbanas. Argumenta además que el planeamiento espacial ha presentado serias dificultades de aplicación práctica, y señala que las propuestas derivadas del *coplanning* funcionan con alternativas de gestión flexible, y por lo tanto, con valores opuestos a los utilizados en la planificación positivista o convencional.[16]

Siguiendo otra de las tesis de Ananya Roy, la Cuestión de 1972 permitió la evolución de la teoría urbana al relacionar la ciudad con las bases sociales, por eso, de acuerdo con la autora, la propuesta de Castells representa una teoría sociopolítica del Estado es decir, una teoría de la ciudad. Roy critica la tesis espacial de Lefebvre con respecto al derecho, ya que considera que las bases populares, las cuales sostienen gran parte de las metrópolis globales, fueron ignoradas en la propuesta *lefebvriana*. De acuerdo con la autora, los movimientos sociales representan la pieza clave para la definición contemporánea de lo urbano, y más, dichos movimientos sociourbanos trabajan tridimensionalmente, conectando estrategias de autogestión, consumo, e identidad colectiva. La autora argumenta que, a partir de considerar detalles funcionales específicos, lo urbano se puede entender como un modo contingente de acción política, un lugar para la promoción y construcción de estrategias de transformación: categoría gubernamental. Roy señala que la resistencia social no está fundamentada en el derecho ya que, a través del juego de la ciudadanía, se perpetúa una relación de tipo rey-invasor entre asentamientos periféricos y ciudad formal. Para la autora, existe un acuerdo estipulado que garantiza la sobrevivencia de las dos partes, y dentro de su tesis, no existen geografías autoconstruidas, sino programas gubernamentales y, así, beneficiarios conscientes del rol que les toca representar al interior de la "democracia' capitalista". El conjunto de beneficiarios autodenominados representa el elemento conector entre *planning*, espacio y política pública y, siguiendo esta propuesta, lo urbano evoluciona de escala o dimensión espacial, a concepto estatal-administrativo.[17]

Roy señala que el planificador urbano puede representar un doble rol: en ocasiones funciona como mediador entre el poder gubernamental y los beneficiarios —cuando el trabajo consiste en la elaboración de planes, gestión de infraestructura urbana y manejo de presupuestos—, otras veces (muy pocas), los planificadores trabajan en coparticipación con los habitantes para la creación de estrategias de redistribución, es decir, acciones vinculadas al derecho a la ciudad. Sin embargo, ambas prácticas ocurren dentro del marco institucional. Para la autora, el concepto de ciudadanía construye los límites del ejercicio de lo urbano. Siguiendo esta tesis, utilizar el derecho a la ciudad como fundamento conceptual de lo urbano, resulta problemático, ya que se obstruyen otros modos del ejercicio sociopolítico, mientras que los movimientos populares redefinen lo humano como derecho a través de la reivindicación de lo humano como ejercicio, con ello rebasan la idea de ciudadanía como condición necesaria de humanidad. Roy señala que, con la normalización del Estado neoliberal, los pobres urbanos dejaron de ser sujetos de compromiso ético-político. De esta manera, la autora sostiene que reformular el desperdicio y recuperar lo humano a través de la perpetuación del control social convierte al humanismo en una ideología de acciones cínicas (humanismo neoliberal), por otro lado, señala la urgente necesidad de replantear el papel del *planning* dentro del capitalismo global, y propone el análisis de la relación entre ciudad, ciudadanía y Estado como punto de partida para la definición de las bases de una nueva teoría de la planeación urbana. De acuerdo con la propuesta de Roy, el *planning* constituye una forma de gobernanza urbana: es a través del planeamiento que las relaciones entre la ciudad y el Estado se equilibran.[18]

Con respecto a los cuerpos que deja fuera el *planning* tradicional, y el derecho a la ciudad como ideología metamarxista, Suzanne Speak y Ashok Kumar señalan que en las últimas décadas del siglo 20 se popularizó el reconocimiento de los estudios de género como pieza central de la experiencia socioespacial, aclarando que dentro de la filosofía de género quedan incluidas categorizaciones derivadas de la epistemología de la diferencia sexual, por ejemplo, mujer, lesbiana, homosexual, bisexual, transexual, entre otros. Para Speak and Kumar, la matriz heterosexual[19] se materializa en la organización espacial de la ciudad moderna, es decir, la experiencia espacial a través del uso de la vivienda y el espacio público, además de la movilidad urbana, han sido codificadas bajo presupuestos sexistas. En aquellos primeros años de transformación, el reto de la disciplina del *plannning* fue defender los cuerpos sin voz, así como cuestionar la estructura sociocultural imperante (patriarcado). Si bien en un principio el urbanismo feminista se fundamentó en la experiencia espacial del Norte, poco a poco se fueron considerando los modos de vida de las mujeres del Sur geográfico: de esta manera, se incorporaron al análisis urbano aspectos tales como el subempleo, las triples jornadas de trabajo, y el tetra rol social de los cuerpos femeninos (producción, reproducción, enlace comunitario y administración del hogar), además los trayectos periferia-centro-periferia, así como la importancia de la tierra y el "lugar".

Los planificadores urbanos de la época reconocieron la influencia de la relación entre patriarcado y capital, asimismo, su rol como pieza clave de la organización espacial de las ciudades modernas. El *planning* cuestionó prácticas espaciales anteriores que permitieron la existencia de ciudades satélite donde se perpetuó la dominación del espacio masculino, esto a través de los roles de género; además, se fortaleció la interdependencia entre urbanización y automóvil, así como la aplicación de políticas de segregación territorial (vivienda, uso de suelo y espacio público), fundamentadas en aspectos de clase y etnia. Durante la década de 1990, el planeamiento urbano incorporó discursos democráticos o de justicia socioespacial, a través de la participación de los habitantes en los procesos de co-diseño e intervención urbana. Speak and Kumar señalan que, pese a los esfuerzos del *planning* de comunicación, tanto las normas de uso como el "plan maestro" continuaron siendo los puntos de partida de la intervención urbana, dejando de lado importantes aspectos relacionados con la diversidad o diferencia. Los autores señalan la necesidad de crear nuevas teorías de planeación, surgidas a partir del cuestionamiento de las prácticas de planeación existentes (fig. 4.3).[20]

Conceptualizando el *Off-Planning*

De lo escrito en párrafos anteriores, se puede decir que la teoría del *planning* se fundamenta en el establecimiento de la cuestión urbana. Teniendo eso en cuenta, Lefebvre critica la totalización de los procesos de urbanización y la aparición del espacio capitalista en el marco de la reconceptualización de la "ciudad" como fábrica; además, el autor define la dinámica de la metrópoli industrializada a partir de implosiones-explosiones. Siguiendo la cuestión *lefebvriana*, Brenner propone la teoría crítica como método de análisis urbano; a través de la definición de cuatro fases de estudio —unidad multiescala, territorio urbano-operacional, espacio de relaciones socioeconómicas contradictorias e historias territoriales como mediación discontinua—, el autor transforma el concepto de ciudad y, por lo tanto, la teoría urbana. Al respecto, Castells propone poner el acento en los espacios de producción cotidiana, y critica las representaciones tradicionales de la ciudad, ya que éstas no consideran el guion socioespacial dictado desde el poder económico dominante (capitalismo). La famosa cuestión urbana de Castells se fundamenta en la existencia del Estado de derecho como condición para la construcción de la democracia socioespacial. En este sentido, Roy le apuesta a la contingencia política que encierran los movimientos de base social, ya que en su pensamiento el *planning* funciona como instrumento mediador entre los poderes de facto y los habitantes de la ciudad, de modo que la cuestión urbana se define desde tres escalas: el territorio, el Estado y las políticas administrativas. Además, vale tener en cuenta que todas las resignificaciones posmodernas de lo urbano se construyeron en oposición al concepto de ciudad establecido por la Escuela de Chicago, durante las primeras décadas del siglo 20.

Ahora bien, la idea del *Off-Planning*, título de este libro, surge del manifiesto *Off-Modern*, escrito por Svetlana Boym, en el cual propone un espacio paralelo, localizado al margen de los estudios históricos formales sobre modernidad. Siguiendo la tesis de Boym, la exploración de lo lateral permite establecer posturas críticas con respecto a lo ya dicho, configurando un proceso que admite el trazo de caminos distintos, los cuales desvelan la posibilidad como elemento reconfigurador de la modernidad presente y real. Para Boym, el prefijo *off* construye una dinámica de alejamiento-retorno, distinta al avance unidireccional que proponen los partidarios de lo post y neo moderno. Sin embargo, la autora aclara que la experimentación de lo posible no significa la deformación del hecho histórico, sino que el margen es un espacio de improvisación continua de la modernidad contemporánea, así, el *off* representa un afuera vanguardista desprovisto de autocompadecimiento.[21] De acuerdo con Boym, explorar el *off* de lo moderno es en realidad un proceso de activación, mediante el cual las sombras se convierten en luminosidad. Desde esta perspectiva el *off* constituye el verdadero *on*.[22]

Con respecto a la relación entre el *on/off* urbano, Roy explica la necesidad de acortar la diferencia entre centro/periferia con el fin de invalidar la oposición binaria prevaleciente. Según esta lógica, la periferia, o espacio Sur, se entiende como una idea ambigua y de cualidad multipresencial, porque etiquetar el margen preestablecería la dinámica de contrarios: pensar desde el Sur es una forma de reterritorializar la epistemología dominante.[23] Roy señala la necesidad de repensar las geografías teóricas, desplazando el Centro-Norte como punto absoluto de producción de ideas sobre las ciudades. La tesis de la autora argumenta que la pieza clave para la construcción de una teoría abierta son los procesos de reapropiación, es decir, que si bien es importante desde donde se produce el pensamiento urbano, es el intercambio y reasignación de experiencias lo que permitirá disolver el origen geográfico (Norte-Sur) del pensamiento espacial.[24] Siguiendo con el tema, la tesis *foucaultiana* sobre biopolíticas, castigos y normalizaciones, ha servido para señalar que la práctica del *planning* se fundamenta en la creación y uso de instrumentos de control, normas de gobernanza y procesos de exclusión espacial, es decir, el ejercicio del poder. De acuerdo con Margo Huxley, los análisis *foucaultianos* han arrojado una luz crítica sobre el planeamiento urbano tradicional, aquel aceptado, en teoría y práctica, como un ejercicio colonialista.Para ella, el discurso inclusivo del *planning*

Fig. 4.3 Cuerpos-objeto en la ciudad antigua. Ejemplo en Buenos Aires, Argentina

de comunicación con frecuencia es distorsionado mediante la incorporación de la relación poder-razón, es decir, la razón instrumental se convierte en el punto de partida de los proyectos urbanos de participación ciudadana. Huxley explica que, a partir de la propuesta de Foucault, se desvela el "lado oscuro de la planeación". Los estudios críticos de dicho *dark side* se pueden dividir en dos grupos: el primero propone la comprensión de las redes de poder, las cuales se suceden dentro de la práctica espacial cotidiana, como la única posibilidad de establecer una agenda urbana fundamentada en la sustentabilidad; mientras que los enfoques pertenecientes al segundo grupo analizan los dispositivos de control ocultos en las normas de planificación, considerando que el *planning* actúa como un sistema de vigilancia o panóptico; de esta manera, las regulaciones de uso espacial disciplinan el cuerpo-espacio político, con el el proceso normado de espacialidad siguiendo los criterios del poder hegemónico.

Para Huxley, usar la perspectiva "blanco/negro" con respecto al *planning* también presenta desventajas, ya que impide ver las resistencias generadas aún dentro de las dinámicas de poder, por ejemplo, la autora explica que la crítica al poder gubernamental como la conducta que controla todas las conductas se sustenta en la existencia ideal del lado luminoso de la planeación, ahora bien, más allá de la dirección bueno/malo, existe un modo de planeación que responde a las contraconductas, las cuales se originan de acciones desafiantes y que son parte esencial de los procesos de subjetivación (inclusión) dirigidos por acciones gubernamentales. Huxely argumenta que, en sentido *foucaultiano*, las contraconductas surgen desde diferentes "actos" de planeación urbana derivados de la relación entre instituciones de poder y artefactos arquitectónicos, por ejemplo, escuelas, hospitales, cárceles, fábricas, empresas, planes sociales y colectivos independientes. Desde las contraconductas, se puede trabajar por un espacio más inclusivo, ya que son ellas las que reclaman el "derecho", y de esta manera se crean estrategias para resistir subjetividades particulares de exclusión. Para Huxley, la contraconducta permite la acción sociopolítica de los cuerpos marginados desde la norma.[25] Se podría decir entonces que los diferentes tipos de *planning* "viajan" continuamente entre el *on/off*, definiendo así teorías, normas y códigos de uso de la ciudad contemporánea.

Por lo general, la teoría urbana establece una separación de escala entre vivienda y ciudad, sin embargo, muchas tesis sobre la ciudad establecen la "casa" como unidad de análisis urbano-arquitectónico. Un poco de historia para contextualizar: en 1933, se llevó a cabo el cuarto congreso del CIAM,[26] años más tarde, como parte del documento de conclusiones, aparece la *Carta de Atenas*, texto redactado por Le Corbusier. El tema principal de la *Carta* fue el desorden socioespacial de las ciudades modernas, así como la ineficiencia de la estructura urbana con respecto a la satisfacción de necesidades físicas y psicológicas de los habitantes. Las reflexiones se centraron en la recuperación de la escala humana dentro de los conceptos función-acción básicos de toda urbanística, tales como habitar, circular, trabajar y descansar. Para cada una de las partes del ciclo, se establecieron diferentes criterios de aplicación, por ejemplo, de acuerdo con esta teoría es necesario considerar la topología, el clima, el emplazamiento y la trayectoria de la luz solar con el fin de garantizar las condiciones óptimas del hábitat humano; luego, para garantizar una circulación eficaz se recomienda la clasificación de vías y caminos en calles peatonales, de tránsito vehicular y avenidas principales, también se establece el uso de nivel elevado o subterráneo para los cruces de tráfico intenso. La *Carta* explica que los lugares de trabajo deberán redistribuirse para disminuir la distancia con respecto a los complejos habitacionales, de esta manera, se propone el cambio de morfología de la ciudad industrial de concéntrica a lineal, donde las fábricas tendrían que reubicarse cerca de las vías que transporten las materias primas; por último, se propone el uso de las áreas verdes como amortiguadores de ruido, separadores entre vivienda e industria, lugares de sociabilización y descanso, además, se plantea como necesaria la consideración de cierta tipología arquitectónica, incluida la temporal o efímera, para asegurar actividades de esparcimiento. La *Carta* señala que este sistema de actividades debe ser normado desde la movilidad y la economía del tiempo; en el documento también se enfatiza "la casa" como núcleo de la ciudad, y punto de arranque para cualquier propuesta de análisis e intervención urbana: desde la vivienda se determinarían los códigos de uso geo-urbano. Así, se estableció que la enseñanza de la arquitectura debería considerar tanto la organización del espacio interior como exterior (diseño arquitectónico y planeamiento urbano).[27]

Ahora bien, la metrópoli posglobal presenta diferentes particularidades. Siguiendo a Neil Brenner y Christian Schmid, la ciudad contemporánea se caracteriza por una urbanización de nueva escala, la cual es definida por la reconfiguración del tejido urbano, la multiplicación del núcleo central y la reterritorialización del área periférica o suburbana. Los autores señalan que a partir de la urbanización planetaria se crean zonas extendidas de infraestructura que funcionan como los nuevos corredores de urbanización capitalista, tales como carreteras, canales, puertos marítimos, nodos ferroviarios y aeropuertos; dichas líneas de comunicación son coordinadas a distancia con ayuda de satélites. Brenner y Schmid aclaran que la nueva infraestructura urbana se construye a costa de la naturaleza, por lo que el ritmo vital de la geografía circundante (ríos, mares, desiertos, bosques, zonas tropicales y árticas) se entrelaza con los procesos de urbanización de gran escala. Los autores argumentan que la sobrevivencia de la ciudad como "idea" radica en la reconceptualización de lo urbano a partir de la inclusión de todos los tipos de aglomeraciones, por ejemplo, irregulares, densas y las de límites difuminados, además de redes de conectividad y geografías artificiales construidas a partir de flujos de alimentos, agua, energía, residuos, sistemas laborales y de infraestructura. Como parte del proceso de redefinición de lo urbano, esta teoría plantea siete tesis para la comprensión de la "ciudad" contemporánea, sintetizando lo propuesto por Brenner y Schmid lo urbano es una categoría teórica y no una unidad de análisis, la clave para el cambio de interpretación reside en entender lo urbano como horizonte-meta, un concepto de independencia dialéctica, el cual equilibra contextualización y evolución histórica o transformación a escala global (patrones de intercontexto); así, lo urbano es simultáneamente territorio y experiencia. Esta característica dual, permite la producción y reproducción de nuevas formas de organización socioespacial.[28]

Para Brenner y Schmid, el proceso de urbanización capitalista está constituido por tres dimensiones: urbanización concentrada, extendida y diferencial, las cuales son a la vez interdependientes y contradictorias entre sí. De esta manera, el tejido urbanizado de la ciudad actual se caracteriza por geografías multidimensionales e inequitativas. Los autores explican que los tres momentos del proceso de urbanización capitalista afectan el uso cotidiano del espacio y la ordenación del territorio. La práctica espacial del Antropoceno facilita el desarrollo de la industria capitalista, luego, la intensificación del uso del suelo acelera los procesos de planificación de todo tipo, desde donde se establecen las normas de desterritorialización y reterritorialización del ambiente construido. Otra de las hipótesis establece que el análisis del fenómeno de urbanización planetaria necesita considerar la reconfiguración de geografías particulares, a través de procesos socioeconómicos ligados a la acumulación del capital. En este sentido, los cambios en el sistema financiero, la globalización de los procesos de producción y los avances de la tecnología digital han provocado que "lo urbano" se desplace al núcleo de los procesos de urbanización y se entrelace con la vida cotidiana, convirtiéndose así en el punto de partida de distintos modos de organización socio espacial. Brenner y Schmid aclaran aún que la urbanización capitalista está constituida por distintos patrones geográficos, los cuales están regulados por instituciones y representaciones espaciales específicas y proponen entender "lo urbano" como un proyecto colectivo que se nutre de la urbanización como sistema (paisaje y proceso), y que exige nuevos códigos para su comprensión.[29]

Como parte del juego de normas-guía de uso espacial, se puede mencionar lo establecido en la nueva agenda urbana, la cual fue creada para garantizar el futuro adecuado de las ciudades. El propósito de la última renovación de la agenda se fundamenta en la sostenibilidad y la inclusión y le apuesta a la estrecha relación entre planificación y densidad (aglomeración), además del *sinequismo*[30] (energía urbana) para respaldar la idea de ciudad como unidad de análisis. Así, los nuevos planes de intervención promueven el desarrollo geourbano integral, considerando los efectos del cambio climático, así como características de género y edad de la población. En este contexto, el *planning* trabaja como instrumento clave de la nueva agenda urbana, y es utilizado para la aplicación de políticas urbanas inclusivas y promotoras de comunidades resilientes donde se ensayen nuevos modos de uso espacial en armonía con la geografía natural. Desde esta perspectiva, las ciudades futuras tendrán que ser planeadas o no serán. El "plan maestro" se desvela como el ordenador territorial donde descansan las instituciones que organizan redes socioeconómicas, de gobernanza y de producción espacial (incluido el diseño). La nueva agenda urbana rescata los aspectos positivos de los procesos de urbanización del pasado y los articula a través del espacio público y de la vivienda adecuada de producción participativa. Los compromisos de la nueva agenda están sustentados en planes metropolitanos y regionales, y la urbanización responsable de las zonas rurales y la integración de las urbanizaciones periféricas sigue siendo fundamental para el futuro de las ciudades. Así, la nueva agenda prioriza la infraestructura sostenible para garantizar la movilidad urbana.[31]

Atendiendo lo anterior, es posible pensar en una primera fase del *off-planning* que tuviera como resultado un "plan de vanguardia", es decir, una herramienta flexible que trabajara con las teorías críticas urbanas, con el objetivo de integrar la urbanización del *bottom* con la ciudad *top*. En un primer ensayo ficcionado, el nuevo plan se pensaría desde el "afuera" urbano y partiría de conceptos como ciudad-polígono, periferia central, límites flexibles, organización espacial a través del uso, espacio público democratizador, conectividad, arquitectura como dispositivo de cuidado urbano (incluida la naturaleza), entre otros. Sin embargo, la intención del *Off* es explotar la epistemología convencional, crear otras herramientas distintas a las del "amo"[32], y eso sólo puede hacerse desde los otros cuerpos. Aquí, la acción de apagar se propone en un sentido distinto al de Boym; el *Off-Planning* no se define en relación con la ciudad formal o informal, en cambio plantea dejar atrás lo que existe y caminar hacia abajo. Lo que se propone es "otra" cuestión urbana a escala de los cuerpos secundarios y sus espacios-frontera, un proceso de desurbanización y transurbanización de la ciudad patriarco-colonial. La tesis de Brenner y Schmid plantea la redefinición de lo urbano desde la tridimensionalidad del cuerpo social, es decir, lo urbano entendido como concepto-meta de interconectividad dialéctica entre tres tipos de urbanización. Los autores proponen el análisis de geografías cotidianas específicas, las cuales son el resultado de los procesos socioeconómicos de globalización, y constituyen el punto de partida de la organización espacial contemporánea. Sin embargo, nada se dijo de la jerarquización de los cuerpos-espacio, ni de las nuevas pornobiopolíticas que los construyen.

Durante los primeros años del siglo 21, Preciado escribe el *Manifiesto contrasexual*, que se fundamenta en una crítica severa de la epistemología de la diferencia sexual, proponiendo la contrasexualidad como la práctica que deconstruye los modos sexuales impuestos por el poder heteropatriarcal, así, la acción "contra" equilibra cuerpo y subjetividad. Preciado define los actos contrasexuales como ejercicios de resistencia, y explica que a través de ellos se logra la reconfiguración del cuerpo-espacio-tiempo, fabricado desde el saber moderno. Según el autor, la contrasexualidad desvela la multiplicidad del presente; de esta manera, ocurre una actualización de la identidad sexual binaria, es decir que, de acuerdo con esta tesis, las prácticas contrasexuales reescriben el conjunto de tecnologías sígnico-simbólicas a las que están sujetos los cuerpos. Preciado utiliza el dildo como pieza clave de la contrasexualidad: a través de la acción conceptualizada "cortar y pegar", el dildo suplementa el pene como órgano origen. A partir del pensamiento *derridiano*, Preciado argumenta que, como parte sexual vicaria, el dildo subraya el vacío mediante la repetición del significante y, atendiendo su condición de órgano-copia, solo puede concretar el reemplazo siendo más eficiente que el pene. El autor argumenta que el dildo no sólo imita el órgano natural, sino que va más allá de la copia formal y se convierte en el suplemento que borra la referencia real. Siguiendo la lógica contrasexual, el dildo antecede al pene, sin embargo, no lo precede como idea abstracta (falo), sino como parte fundamental de la sexualidad heteronormada.[33]

Para Preciado, el contrasexo desvela que tanto lo masculino como lo femenino son las grandes ficciones de la diferencia sexual, las cuales trabajan como tecnologías para el control del cuerpo político. El autor señala que el dildo desidentifica al órgano origen y a través de actos disruptivos, repetidos una y otra vez. La imitación de plástico cruza las fronteras morfológicas, borrando el espejismo del falo y creando extensiones polimorfas del cuerpo-espacio-tiempo más allá de las representaciones hombre-mujer. Con el contrasexo, Preciado plantea una explosión de la epistemología de la diferencia sexual y, usando el principio *butleriano* del performance del género, el autor coloca el dildo como un instrumento-*drag queen*, descubriendo que el órgano origen reproduce la imagen del falo en una suerte de dispositivo cultural heteropatriarcal. Así, el dildo crea un espacio intermedio, el cual existe más allá del pene y del falo, órgano-copia que propone cruzar cualquier límite establecido a priori y se convierte en un significante externo y abierto. Preciado evoluciona la tesis *butleriana* al incluir como variable del acto performático las transformaciones corpóreas derivadas del *drag* o performance cotidiano. Más allá del performance lingüístico que concretiza la norma de la diferencia sexual, por ejemplo, hombre, mujer, homosexual, lesbiana, bisexual, entre otros, Preciado propone el cruce de toda ficción política como pieza clave para la descentralización radical de la producción de cuerpos: a través de la contrasexualidad el autor plantea el cuestionamiento de las implicaciones sociales, materiales, políticas y sexuales, derivadas del cruce extremo de las ficciones heteronormadas.[34]

Siguiendo la idea del espacio como extensión de los cuerpos, Preciado señala que la espacialidad del contrasexo resulta de la redefinición entre lo público y lo privado, y argumenta que dicha deconstrucción de las fronteras espaciales debe partir de la explosión de la casa familiar heteronormada, ya que la vivienda representa la célula de producción-reproducción más importante del tejido urbano. Preciado fundamenta su manifiesto contrasexual en 13 artículos, a través de los cuales el autor demanda la creación de políticas públicas a partir de acciones contrasexuales concretas, por ejemplo: la cesación de clasificaciones biológicas de carácter sexual en los documentos de identificación, la opción de un nuevo nombre que vaya más allá de las normas de género, el desplazamiento de la idea de matrimonio heteronormado —esto con el fin de borrar los privilegios derivados de las ficciones políticas heteropatriarcales—, la deslocalización del sexo heteronormado y la aceptación de prácticas sexuales no reproductivas o de placer, la incorporación de contratos temporales para relaciones afectivas fundamentadas en la equidad de los cuerpos —el acuerdo contrasexual considera la permuta de roles, otro ejemplo de acción contrasexual es la separación tajante entre prácticas sexuales y actos reproductivos—, además, el cruce de género sin obligación de cambio de sexo (intervenciones quirúrgicas y tratamiento hormonal), la autonomía del cuerpo, la consideración del sexo como actividad social necesaria (con horario de práctica regular), la suspensión de la familia heteropatriarcal, la reorganización arquitectónica y la creación de espacios contrasexuales, la redefinición de instituciones educativas heteronormadas, la aceptación de las prácticas contrasexuales como trabajo y la consideración de los cuerpos como wittigs[35] o poscuerpos.[36]

Atendiendo la relación entre contrasexo y espacialidad, en *Pornotopía*, Preciado analiza la arquitectura definida desde la revista Playboy (de perspectiva patriarcal). El autor argumenta que, a través de ciertas modificaciones a las representaciones de la casa familiar —por ejemplo, ático-estudio, cocina-escenario, y cama-centro —, Playboy logra mover los límites de la tipología arquitectónica, así, mediante la construcción a gran escala de hoteles y clubes de entretenimiento, introduce el oasis urbano como la pieza moderna del imaginario espacial. Siguiendo a Preciado, las ideas de Hugh Hefner (director de la revista) consiguieron masculinizar los interiores arquitectónicos mediante la difusión de la obra de los principales arquitectos modernos: así Playboy difundió un nuevo modelo de casa basado en el ideal sexual de la segunda década del siglo 20. El espacio posdoméstico y erótico de Hefner inventó la casa alternativa, donde los usos espaciales se establecieron a partir de las prácticas heterosexuales del cuerpo. Preciado explica que la estrategia de liberación sexual de Hefner resultó en la colonización del interior de la vivienda, recrudeciendo las fronteras espaciales entre lo masculino y lo femenino, y señala que aunque el mensaje de la revista confrontaba la idea del matrimonio tradicional y la vida familiar, las imágenes principales de la publicación le apostaban al arquetipo de los roles de género y al consumo: los hombres eran dueños del espacio público, mientras que las mujeres estaban confinadas en los suburbios. Siguiendo a Preciado, la arquitectura de Playboy resignificó la casa familiar como una máquina de producción-reproducción del dominio masculino, una arquitectura de custodia de los cuerpos femeninos y/o feminizados, una fábrica farmacopornográfica.[37]

Siguiendo con el tema, Zaida Muxi explica que la vivienda y la calle representan los elementos fundamentales para la construcción del tejido urbano. De acuerdo con la autora, el espacio habitacional ha sido esquematizado a partir de una perspectiva masculina, por lo que la casa, desde siempre, ha representado el lugar que dicta las normas de conducta, fortaleciendo relaciones de poder. Para Muxi, la organización de la casa familiar respeta códigos patriarcales, por lo que perpetúa los roles de género y asigna actividades productivas y reproductivas. Además, señala que la vivienda clásica utilizaba "el patio" para separar las áreas públicas de las privadas, las zonas públicas eran usadas por hombres libres, esclavizados y prostitutas, mientras que las habitaciones privadas estaban ocupadas por las mujeres de la casa (esposa e hijas). Los orígenes de la vivienda occidental desvelan la figura del patriarca como el jefe de la vivienda. Siguiendo a Muxi, a partir del *domus* romano, la casa familiar funcionará como herramienta de control de los cuerpos secundarios, ya que es a través de ella que se difunden y refuerzan los distintos modos de vida urbana, por ejemplo, el uso jerárquico del espacio de acuerdo con los valores del sacramento matrimonial, la vivienda como célula de producción, áreas polivalentes de uso jerárquico, actividades espaciales de acuerdo a las características sexuales de los cuerpos, la idea de la casa-palacio, el estudio como el "trono" del soberano, y las ventanas como fronteras espaciales. Muxi explica que la casa representa la materialización de los valores de la familia nuclear, y también la pieza que invisibiliza toda acción de los cuerpos dependientes.[38]

Ahora bien, si se conecta la idea del transespacio con la propuesta contrasexual de Preciado, podríamos decir que el transespacio sustituye al dildo ya que representa el cruce que explota el *planning* (como instrumento de control). El falo es suplantado por la ciudad y la representación de la casa de la familia nuclear, en cuanto conceptos abstractos inexistentes. Por último, el *planning* reemplaza al pene, y a la vez este es suplantado por su copia, es decir, el juego de imitación del *planning* urbano con respecto a la ciudad es borrado por el transespacio-dildo. Si el propósito de la contrasexualidad es desequilibrar el sistema heteropatriarcal, entonces la esencia de la contraespacialidad sería desmitificar el *planning* como elemento único de producción-organización espacial, proceso de desmitificación que incluye los discursos convencionales sobre la ciudad.[39] De esta manera, al romperse el mito que relaciona el *planning* con la ciudad (representación del espacio) queda al descubierto un nuevo mundo para la práctica espacial, donde es posible cruzar los conceptos convencionales y resignificar todas las geografías (cuerpo, casa, barrio, ciudad, naturaleza). A partir del manifiesto constrasexual de Preciado se pueden establecer las bases para un manifiesto contra-*planning* fundamentado en el espacio públicoprivado o "semi", la tipología *queen*, la re-nomadización, y la contra-arquitectura como actos neosostenibles. Ahora bien, el transespacio como concepto no se activa por sí solo, sino que necesita algo que provoque el cruce espacial. Es en este sentido que se creó el manifiesto contra casa, el cual, a partir de 10 enunciados, conecta ideas tales como la eliminación de zonas jerarquizadas, la nomadización a escala arquitectónica, la consideración de accesos múltiples para la movilidad de todos los cuerpos, la deconstrucción de la relación entre mobiliario, actividades y roles de género, la inclusión de la sexualidad dentro de los acuerdos de uso, la utilización del "semi" como herramienta de flexibilización espacial etc.[40] Entonces, la enunciación de manifiestos "contra" podría sustituir tanto al "plan maestro" como al "plan de vanguardia" y, desde ahí, explotar el *planning* (fig. 4.4).

Siguiendo con la explicación del *Off-Planning*, pensar el transespacio no sólo como concepto sino como teoría permitiría tejer ideas en apariencia opuestas. Al respecto, Gilles Deleuze y Félix Guattari explican que toda teoría es múltiple, ya que está constituida por significaciones simples interconectadas. Los autores señalan que cada conexión es un corte o cruce, por lo tanto, las ideas conceptuales son totalidades fragmentadas; la multiplicidad activa es lo que las mantiene al margen de la reabsorción, ya el aislamiento o solución del problema es lo que permite que el concepto sobreviva. Siguiendo a Deleuze y Guattari, cada concepto tiene una historia que se conecta con problemas localizados en distintas dimensiones; los elementos de un concepto no surgen de la nada, sino que tienen su origen en otros conceptos, y estas bifurcaciones establecen redes conceptuales que definen problemas, los cuales desvelan la existencia de otros planos. Deleuze y Guattari argumentan que cada conexión-corte reconfigura un nuevo concepto independiente del original, pero relacionado con él. Estos ensamblajes conceptuales tejen regiones de un mismo plano

Fig. 4.4 Trans-espacio, la inversión performativa de la cuestión urbana

o dimensión.[41] El constante cruce de elementos conceptuales permite la extensión del concepto hasta el infinito, y las conexiones entre elementos están definidas a partir de zonas comunes o puentes que permiten la existencia de la totalidad-concepto. Para Deleuze y Guattari, el cruce-corte representa la sustancia del concepto y puede ser entendida como una singularidad; de esta manera, el concepto teórico es una superficie flexible que dice del evento, no de la cosa que significa. Las singularidades conceptuales viajan a través de todos los elementos que las constituyen, son cruces incoherentes que intentan crear nuevas resonancias, o cortes disruptivos, en pro de la sobrevivencia del concepto.[42]

Así, la teoría transespacial representa una singularidad conceptual, es la superficie flexible que desvela espacios-frontera. La teoría *trans* es configurada a partir del cruce infinito de cuatro elementos base: pliegue, nómada, sujeto y ensamblaje. Cada uno de los elementos encierra una acción que permite el cruce-corte-conexión (transespacio); de esta manera, los enunciados "contra" actúan como puentes o facilitadores del cruce-corte. Una vez que el transespacio se activa, queda establecida la conexión historia-problema-solución o posibilidad, en que la historia está directamente relacionada con el cuerpo y con las ficciones políticas de desventaja asignadas, mientras que el problema se define a través de los enunciados "contra" y, por último, la solución desvela la existencia de un espacio de cruce ficcionado (espacio trans), el cual surge del cruce espacial. El transespacio se crea a partir del plegamiento de cuatro significaciones y desde ahí se crean, infinitamente, nuevos conceptos, por ejemplo: pliegue profundo, pliegue nómada, pliegue subjetivado, pliegue ensamblaje, entre otros. La variabilidad de los conceptos re-creados es definida por los enunciados-puente (Tabla 4.1). Ahora bien, en la teoría *trans*, los enunciados-puente conectan los sustantivos-verbo (categorías). En dicho proceso se construyen nuevas tesis, las cuales se definen a través de otras singularidades conceptuales, esas redes teóricas permiten la actualización de la teoría-origen (transespacio). En medio de una nueva crisis del capitalismo neoliberal, los pensadores sociales hablan de procesos de desglobalización y neoregionalización; así, *el off-planning* se propone como una guía teórica contraficcionada la cual permitiría repensar el espacio del intercosmos desde la lógica de "otros" cuerpos, que incluyan lo humano como parte de la naturaleza multiespecie.

Ejemplos de enunciados-puente

1. Hackeo activista de las redes virtuales de comunicación (ciber espacio) como punto de partida para explotar la ciudad patriarcal-extractivista. La reapropiación de los espacios reales-reales comenzará con la nomadización espacial de la realidad virtual.

2. Transurbanización de la escala metropolitana o el "acuerpamiento" del espacio cotidiano. Los límites de lo urbano serán trazados a partir del andar de los cuerpos, ya sea "a pie" o en bicicleta.

3. Resignificación de la arquitectura monumental a través de la re-verderización de los artefactos-ícono y su utilización como parques y lugares semipúblicos de encuentro.

4. Abolición de fraccionamientos de vivienda homogénea, en su lugar se propone la recuperación de la casa comunitaria. Las nuevas familias serán definidas a partir de las relaciones afectivas resultantes de la interconectividad multiespecie.

5. Redefinición de la casa familiar a través de la eliminación de la zonificación de uso, áreas centrales de producción-reproducción y tipología de espacio, esto permitirá la creación de nuevos lazos afectivos y la inclusión de otros tipos de familia.

6. Suspensión de toda nueva arquitectura planeada sobre territorios naturales. Aquí se propone pensar el *off-planning* como práctica urbana anti-extractivista. Re-utilización de la geografía artificial existente a partir de relaciones empáticas con los cuerpos feminizados.

7. Sustitución de la densificación urbana por el reacomodo fractal. El andar cotidiano de los cuerpos definirá la morfología urbana. Los nuevos fractales geográficos permitirán la autonomía espacio-social.

Ejemplos de elementos para redes conceptuales

conceptos	categorías transespaciales
Espacio real/ espacio virtual/ hiperrealidad/ códigos/ hacking espacial/consumo/ ciudad/ capitalismo/ patriarcado/ territorialización/ globalización/ antropoceno...	espacio-subjetividad espacio-actualizado
Urbanismo/ciudad/ escala/ ecología del espacio/ feminismo/ decolonización/ naturaleza/ geografía/ movilidad/ ciudad del cuidado/ terricidio/ producción del espacio...	espacio-ensamble espacio-nómada
Geografía artificial/ territorio/ sustentabilidad/ cambio climático/ espacio virtual/ espacio público/ fronteras/ ciudad/ arquitectura/ producción del espacio/ patriarcado/ feminismo/ justicia espacial...	espacio-actualizado espacio-ensamble
Arquitectura/ urbanismo/ sustentabilidad/ vivienda social/ producción del espacio/ vivienda vertical/ patriarcado/ feminismo/ arquitectura y género/ teoría del diseño...	espacio-subjetividad espacio-ensamble
Producción del espacio/ arquitectura/ patriarcado/ feminismo/ teoría del planning/ capitalismo/ decolonización/ teoría queer/ familia ...	espacio-subjetividad espacio-actualizado espacio-ensamble
Sustentabilidad/ geografía artificial/ arquitectura/vivienda comunitaria/ producción del espacio/ cambio climático/ ciudad/ urbanismo/ teoría del planning/ capitalismo/ decolonización /gentrificación...	espacio-subjetividad espacio-actualizado
Ciudada Moderna/ teoría del planning/ capitalismo neoliberal/ decolonización/urbanización planetaria/ ecología social/ justicia espacial/ ciudad del cuidado...	espacio-ensamble espacio-nómada

8.	"Draguerización" tanto de la tipología arquitectónica como de la morfología urbana. El "jaloneo" espacial de los cuerpos queen desnaturaliza la relación entre cuerpo feminizado y tareas del cuidado.
9.	Creación de "espacios rojos" como área pública feminista. Puntos feministas que sirvan para la convivencia y naturalización de las características físicas, psicológicas y sexuales de todos los cuerpos.
10.	Neonomadización a escala urbana. Se propone ensayar el proceso "ser nómada" desde la escala arquitectónica, teniendo acuerdos de uso temporal de las diferentes habitaciones de la casa; esto con el propósito de experimentar la doble neonomadización del cuerpo al espacio y del espacio al cuerpo.

Tabla 4.1 Teoría trans-espacial:
enunciados contra, redes
conceptuales y categorías
Fuente: Elaboración de la autora

	Arquitectura/ decolonización/ producción del espacio/ teoría queer/ feminismo/ patriarcado/ sustentabilidad/ espacio y género/ capitalismo/ naturaleza/ revoluciones urbanas/ familia/ ciudad del cuidado...	espacio-actualizado espacio-nómada
	Espacio público/ arquitectura teoría del planning/ decolonización/ justicia espacial/ ciudad del cuidado/ feminismo/ vivienda familiar/ patriarcado/ morfología urbana...	espacio-subjetividad espacio-ensamble
	Urbanismo/ producción del espacio/ teoría del planning/ decolonización/ naturaleza/ ecología social/ acción política/ fronteras/ morfología urbana/ espacio público y privado/ escala/ jerarquización de los cuerpos/ capitalismo neoliberal/ familia/ diversidad...	espacio-actualizado espacio-ensamble espacio-nómada

Notes

1. BRENNER, Neil. *La explosión de lo urbano. The explosion of the urban*, p. 23-33.
2. Idem. "Urban Theory Without an Outside". Implosions/Explosions. Towards a Study of Planetary Urbanization. Editado por Neil Brenner, p. 14-20.
3. LEFEBVRE, Henri. "From the City to Urban Society". Ibidem, p. 36-51.
4. SCHMID, Christian; STANEK, Lukasz; MORAVÁNSKY, Ákos., "Theory, Not Method – Thinking with Lefebvre". *Urban Revolution Now: Henri Lefebvre in Social Research and Architecture*. Editado por Chrstian Schmid, Lukasz Stanek y Ákos Moravánszky, p. 2-8.
5. BRENNER, Neil. Op. Cit., p. 22.
6. MERRIFIELD, Andy. *The New Urban Question*, p. 11-17.
7. CASTELLS, Manuel. *La cuestión urbana*, p. 141-168.
8. MERRIFIELD, Andy. Op. Cit., p. 20-26.
9. PARK, Robert; BURGESS, Ernest. *The City*, p. 2-18, 25-30.
10. Idem, Ibidem, p. 47-55.
11. LEFEBVRE, Henri. *El Derecho a la Ciudad*, cap. 01.
12. Idem, Ibidem, cap.01.
13. Idem, Ibidem, cap.05.
14. MERRIFIELD, Andy. Op. Cit., p. 27-34.
15. Idem, Ibidem, p. 88-106.
16. DAVOUDI, Simin. "Spatial Planning: The Promised Land or Rolled-Out Neoliberalism?". *The Routledge Handbook of Planning Theory*. Editado por Michael Gunder, Ali Madanipour y Vanessa Watson, p. 15-25.
17. ROY, Ananya. "The Grassroots of planning: Poor People's Movements, Political Society, and the Question of Rights". Ibidem, p. 142-148.
18. Idem, Ibidem, p. 150-153.
19. La matriz heterosexual es un concepto propuesto por Judith Butler para explicar los códigos culturales a los que son sometidos los cuerpos humanos para garantizar reconocimiento dentro del grupo social.
20. SPEAK, Suzanne; KUMAR, Ashok. "The Dilemmas of Diversity. Gender, Race and Ethnicity in Planning Theory". *The Routledge Handbook of Planning Theory*. Editado por Michael Gunder, Ali Madanipour y Vanessa Watson, p. 155-162.
21. BOYM, Svetlana. "The Off-Modern Manifesto", s.p.. Disponible en: http://sites.fas.harvard.edu/~boym/offmodern.html. Acceso el: 13 jul. 2024.
22. Idem, Ibidem, s.p.
23. ROY, Ananya. "Introduction: The Aporias of Poverty". *Territories of Poverty: Rethinking North and South*. Editado por Ananya Roy y Emma Shaw Crane, p. 13-17.
24. Idem. "The 21st-Century Metropolis: New Geographies of Theory". *Regional Studies*, Vol. 43.6, p. 819-830.

25 HUXLEY, Margo. "Countering 'The Dark Side' of Planning Theory: Power, Governmentality, Counter-Conduct". *The Routledge Handbook of Planning Theory*. Editado por Michael Gunder, Ali Madanipour y Vanessa Watson, p. 207-217.

26 CIAM son las siglas con que se conoce al *Congreso Internacional de Arquitectura Moderna*. El congreso tuvo una duración de 31 años (1928-1959). El CIAM estaba constituido por seis comisiones permanentes relacionadas con la aplicación de la Carta de Atenas, la reforma de la enseñanza urbano-arquitectónica, la difusión de la producción en serie y la integración de las artes y las cuestiones sociales a la práctica de la disciplina.

27 BENEVOLO, Leonardo. *Historia de la arquitectura moderna*, p. 553-557.

28 BRENNER, Neil; SCHMID, Christian. "Elements for a New Epistemology of the Urban". *The SAGE Handbook of the 21st Century City*. Editado por Suzanne Hall y Ricky Burdett, p. 47-52.

29 Idem, Ibidem, p. 55-65.

30 Edward Soja define el *synekismo* como la energía producida por el habitar de un grupo de personas dentro de un territorio.

31 La Nueva Agenda Urbana. Disponible en: https://onuhabitat.org.mx/index.php/la-nueva-agenda-urbana-en-espanol. Acceso el: 20 sep. 2017.

32 Se refiere a la famosa frase de Audre Lorde: *"Las herramientas del amo nunca desmantelarán la casa del amo".*

33 PRECIADO, Paul. *Manifiesto Contrasexual*, cap. 1, parte I.

34 Idem, Ibidem, cap. 3, parte I.

35 Dentro de la sociedad contrasexual, Preciado define a los 'wittigs' como cuerpos hablantes.

36 PRECIADO, Paul. *Manifiesto Contrasexual*, cap.3, parte II.

37 Idem. *Pornotopía. Arquitectura y sexualidad en "Playboy" durante la guerra fría*, p. 15-20, 31-50.

38 MUXI MARTÍNEZ, Zaida. *Mujeres, casas y ciudades. Más allá del umbral*, cap. 1.

39 MALDONADO, Diana. "Un espacio fantástico. Historia, teoría y decolonización. Primer ensayo". *Apuntes sobre decolonización, arquitectura y ciudad en las Américas*. Editado por Reina Loredo y Fernando Lara, p. 67-69.

40 Idem, Ibidem, p. 74.

41 DELEUZE, Gilles; GUATTARI, Félix. *What is Philosophy?*, p. 15-22.

42 Idem, Ibidem, p. 28-35.

Romano Guerra Editora

Editores
Silvana Romano Santos
Irene Nagashima

Consejo Editorial
Abilio Guerra, Adrián Gorelik, Aldo Paviani, Ana Luiza Nobre, Ana Paula Garcia Spolon, Ana Paula Koury, Ana Vaz Milheiros, Ângelo Bucci, Ângelo Marcos Vieira de Arruda, Anna Beatriz Ayroza Galvão, Carlos Alberto Ferreira Martins, Carlos Eduardo Dias Comas, Cecília Rodrigues dos Santos, Edesio Fernandes, Edson da Cunha Mahfuz, Ethel Leon, Fernanda Critelli, Fernando Luiz Lara, Gabriela Celani, Horacio Enrique Torrent Schneider, João Masao Kamita, Jorge Figueira, Jorge Francisco Liernur, José de Souza Brandão Neto, José Geraldo Simões Junior, Juan Ignacio del Cueto Ruiz-Funes, Luís Antônio Jorge, Luis Espallargas Gimenez, Luiz Manuel do Eirado Amorim, Marcio Cotrim Cunha, Marcos José Carrilho, Margareth da Silva Pereira, Maria Beatriz Camargo Aranha, Maria Stella Martins Bresciani, Marta Vieira Bogéa, Mônica Junqueira de Camargo, Nadia Somekh, Otavio Leonidio, Paola Berenstein Jacques, Paul Meurs, Ramón Gutiérrez, Regina Maria Prosperi Meyer, Renato Anelli, Roberto Conduru, Ruth Verde Zein, Sergio Moacir Marques, Vera Santana Luz, Vicente del Rio, Vladimir Bartalini

Nhamerica Platform

Editor
Fernando Luiz Lara

Sobre la autora

Diana Maldonado es arquitecta mexicana y doctora en Arquitectura por la Universidad Nacional Autónoma de México - UNAM. Profesora-investigadora de tiempo completo en la Facultad de Arquitectura de la Universidad Autónoma de Nuevo León - UANL. Autora del libro *Post-Arquitectura. Notas sobre geografías invisibles* (Nhamerica, 2022) y de las publicaciones *How body memory actualizes to the architectural heritage: the Latin American dwelling as the new public space* (Routledge, 2023) y *Ciudades y pornoespacio. Reflexiones teóricas sobre urbanismo alternativo* (Labÿrinthos editores, 2024). Diana Maldonado pertenece al Sistema Nacional de Investigadores - SNI (CONAHCYT, México).

La reproducción o duplicación total o parcial de esta obra sin la autorización expresa del autor y de los editores constituye una apropiación indebida de los derechos intelectuales y patrimoniales del autor.

Romano Guerra Editora
Rua General Jardim 645 cj 31
01223-011 São Paulo SP Brasil
rg@romanoguerra.com.br
romanoguerra.com.br

Nhamerica Platform
807 E 44th st,
Austin, TX, 78751 USA
editors@nhamericaplatform.com
nhamericaplatform.com

Pensamiento da América Latina
Romano Guerra Editora
Nhamerica Platform
Coordinación general
Fernando Luiz Lara
Silvana Romano Santos

Off-Planning
Diana Maldonado
Coordinación editorial
Fernando Luiz Lara
Irene Nagashima
Silvana Romano Santos
Proyecto gráfico y maquetación
Dárkon V Roque
Revisión de texto
Pacelli Sousa

BR + USA + MEX 12

© Diana Maldonado
© Romano Guerra Editora
© Nhamerica Platform
1ª edición, 2024

Dados Internacionais de Catalogação na Publicação (CIP)
Câmara Brasileira do Livro, SP, Brasil

Maldonado, Diana
Off-planning
Diana Maldonado. -- 1. ed. --
São Paulo, SP : Romano Guerra
Austin, TX : Nhamerica Platform
2024

ISBN 978-65-87205-31-1

1. América Latina - Aspectos sociais
2. Arquitetura
3. Arquitetura - Crítica e interpretação
4. Arquitetura - História
5. Cidades
6. Espaços urbanos

I. Título.

24-227855   CDD-720.1

Índices para catálogo sistemático
1. Arquitetura : Crítica 720.1

Imagen de la portada, fotografías y diseños
Diana Maldonado

Aline Graziele Benitez - Bibliotecária - CRB-1/3129

www.ingramcontent.com/pod-product-compliance
Lightning Source LLC
Chambersburg PA
CBHW070144080526
44586CB00015B/1842